Coleção
FILOSOFIA ATUAL

Impresso no Brasil, março de 2012

Copyright © 2011 by Tarcísio Meirelles Padilha

Publicado originalmente no Brasil, em 1955, Rio de Janeiro.

Os direitos desta edição pertencem a
É Realizações Editora, Livraria e Distribuidora Ltda.
Caixa Postal: 45321 · 04010 970 · São Paulo SP
Telefax: (11) 5572 5363
e@erealizacoes.com.br · www.erealizacoes.com.br

Editor
Edson Manoel de Oliveira Filho
Gerente editorial
Gabriela Trevisan
Preparação
Amandina Morbeck
Revisão
Viviane Mendes e Liliana Cruz
Capa e projeto gráfico / Diagramação
Mauricio Nisi Gonçalves / André Cavalcante Gimenez
Pré-impressão e impressão
Geográfica Editora

Reservados todos os direitos desta obra.
Proibida toda e qualquer reprodução desta edição
por qualquer meio ou forma, seja ela eletrônica ou mecânica,
fotocópia, gravação ou qualquer outro meio de reprodução,
sem permissão expressa do editor.

Coleção
FILOSOFIA ATUAL

A ONTOLOGIA AXIOLÓGICA DE LOUIS LAVELLE

TARCÍSIO PADILHA

COM NOVO PREFÁCIO DE
MARCO LUCCHESI

APRESENTAÇÃO DE
NEWTON SUCUPIRA

Realizações
Editora

Sumário

Apresentação
por Newton Sucupira 11

Prefácio à 2ª Edição
por Marco Lucchesi 15

Nota à 2ª Edição 19

Introdução 21

PARTE I: O SER

1. Unidade do ser 27
   1. *Universalidade do Ser* 27
   2. *Univocidade do Ser* 32

2. A descoberta do eu no absoluto do ser 47
   1. *A Experiência Fundamental* 47
   2. *O Cogito* 54
   3. *O Argumento Ontológico* 57

PARTE II: O ATO

1. Ser e ato 63
2. Participação e liberdade 69
3. Tempo e eternidade 93

PARTE III: O VALOR

1. A ideia de valor nas primeiras obras 103
2. Caracteres do valor 107

3. Ser e valor ou ser e bem 113
4. Valor e participação ou valor e existência 117
5. Sabedoria ou otimismo ontoético 127

Conclusão 137

Fontes 141
Bibliografia 145
Índice onomástico 155

A minha esposa e a meus filhos ofereço todo o esforço que empreguei na elaboração deste livro.

A la Révérende Mére Marie de Sainte Claire Cournot, O. S. U., *Hommage Reconnaissant*.

"Le propre de la philosophie est de nous faire remonter jusqu'à la source émouvante de notre être individuel et secret qui cherche toujours, disait Kierkegaard, sa relation absolue avec l'Absolu." Louis Lavelle, "Être et Acte", em *Revue de Métaphysique et de Morale*.

Apresentação

por Newton Sucupira[1]

No início da década de 1950, Louis Lavelle, filósofo da dialética do eterno presente, ainda exercia apreciável influência em certos setores do público cultivado, notadamente nos meios católicos. Desde os anos 1930, juntamente com René Le Senne, Lavelle liderava o movimento das ideias que, sob o nome de filosofia do espírito, procurava reagir contra o positivismo e o kantismo em sentido estreito, até então dominantes no ensino da Sorbonne, esforçando-se por restaurar a preminência da metafísica na filosofia. O movimento era aberto a diferentes formas de pensamento, desde que tivessem como denominador comum o primado da vida do espírito e a impossibilidade de se deixar à ciência e às técnicas a direção da conduta humana. Tratava-se de uma metafísica inserida numa tradição ilustre que remonta a Platão, passando por Santo Agostinho, Descartes e Malebranche, e na qual a contribuição do cristianismo era decisiva. Metafísica profundamente humanista em sua inspiração, ao afirmar com ênfase o valor da existência humana capaz de se exercer sem norma e sem razão, ordena-se segundo valores que a atraem sem coagir. Era natural,

---

[1] Em sua oração de acolhida a Tarcísio Padilha, na Academia Brasileira de Educação.

pois, que esta filosofia ontológica, sem negligenciar as análises concretas da existência humana, correspondesse à inquietação metafísica do jovem filósofo católico e marcasse fundamente a evolução de seu pensamento. Como ele mesmo afirmou no último capítulo de sua tese, a filosofia de Lavelle, centrada no "consentimento em participar do Absoluto", impunha-se por sua mensagem de "otimismo consciente, capaz de devolver ao atormentado homem do século XX a harmonia interior sem a qual ele se amesquinha e rompe o elo com a Transcendência". Estas palavras, e o pensamento que elas encerram, ditas a propósito de Lavelle, constituem a inspiração de sua meditação pessoal e o germe de sua própria filosofia.

Transcendência, participação, esperança são categorias-chave da metafísica humanista de Padilha. Dele disse muito bem o filósofo francês Jean-Luc Marion, professor da Sorbonne e membro da Académie Française: "Filósofo de tradição e de vocação, formado na escola de um humanista rigoroso e aberto". Trabalhando as três categorias citadas no clima de uma experiência cristã, Tarcísio mostrou que é possível elaborar uma filosofia cristã sem ter que ser necessariamente tomista.

O estudo do pensamento de Padilha põe imperiosamente problemas que nenhum filósofo poderia ignorar ou eliminar sem discussão: as condições de uma filosofia unificada e integral; uma tradição intelectual ligada a uma disposição da alma inteira; uma firme coerência de orientação através das renovações inevitáveis e salutares; uma doutrina que, religiosa por seu desenvolvimento espontâneo e não por acidente, resta essencialmente filosófica, mesmo acolhendo dados inacessíveis à razão humana. Vê-se por aí como Padilha consegue inserir, e mesmo inviscerar, em sua especulação filosófica sua crença cristã, que, guardando sua autonomia do ponto de vista teológico, tem entretanto, do lado racional e moral, uma ligação absolutamente radical.

Sendo um filósofo que se caracteriza por uma meditação pessoal, é difícil enfeixá-lo na influência decisiva de outro filósofo. Se não é discípulo de Agostinho, sem dúvida nele se percebe a presença do *ordo amoris* do Bispo de Hipona e creio que não se afasta do lema agostiniano *non intratur in veritatem nisi per charitatem*. Ele se integra numa filosofia do espírito pelos princípios norteadores de sua metafísica, mas voltado para o concreto da existência humana. Por isso poderíamos chamá-la de existencial, mas sem concessões ao existencialismo que ainda marcava a filosofia dos anos 1950.

A filosofia da esperança de Padilha poderia ser sintetizada na seguinte formulação. Sendo o tempo o lugar da realização do homem mediante sua livre participação ao ser, a ontologia da participação justifica uma filosofia da esperança. E, na medida em que a temporalidade é uma dimensão constitutiva do ser humano, e que um intervalo separa inexoravelmente o projeto de vida de sua execução, o homem é o ser que vive no modo da espera. Mas se o homem consente ao Ser, o ato de livre participação ontológica se converte em esperança. É precisamente o elo entre participação ontológica e filosofia da esperança que Padilha muito bem viu e soube aprofundar na meditação expressa nos seus últimos ensaios: "Participação e Esperança" e "Uma Ética da Esperança". Segundo Padilha, participação na vida concreta de cada um, "religiosa, moral, social, econômica está a pressupor a participação metafísica *uti sic* – base sobre a qual repousa o existir em sua totalidade". Sua originalidade com referência a Lavelle consiste em tirar daí uma filosofia da esperança que está implícita na ontologia axiológica, mas que não foi desenvolvida pelo pensador francês. Em Padilha, "a esperança se prende a um juízo de valor que transcende a todos os julgamentos, vincula a existência ao Ser e n'Ele põe todas as suas complacências, que não se acompanha de uma práxis orientada por valores; não passa de uma espera inócua e sonhadora".

Para concluir, retomo as palavras do saudoso filósofo e amigo comum Hanns Ludwig Lippmann sobre o livro *Uma Filosofia da Esperança*: "Tarcísio Padilha, o homem íntegro, que jamais deixou contagiar-se pelo desânimo da esperança ou pela tentação da desesperança, neste livro envia a todos nós a sua mensagem: 'O pessimismo cessa tão logo começamos a agir, a amar e a esperar'".

Prefácio à 2ª edição

por Marco Lucchesi

A tese fundamental de Tarcísio Padilha surge aos meus olhos com um gesto comovedor, que repousa firmemente na hospitalidade, a mesma atitude que surge das obras de Emmanuel Lévinas e de Louis Lavelle. Não vejo definição mais adequada ao labor filosófico de Padilha, do então jovem doutor da tese, que hoje se republica, ao espírito ainda mais jovem de sua atual e fecunda maturidade. Acolhida, atenção para o outro, abertura para o infinito, são conceitos que definem e circunscrevem a hospitalidade, cuja *circunferência está em toda parte e cujo centro, em parte alguma*.

Tarcísio Padilha domina uma prosa filosófica cheia de matizes, que não perde jamais do horizonte o interlocutor e a matéria da interlocução. Vejo uma luz poética de fundo, a convocar, promover e distribuir copiosas redes de ideias, camadas conceituais, na densa vizinhança (inversamente proporcional) entre a compreensão e a extensão de altos patamares metafísicos. Floresce na meditação de Tarcísio Padilha uma secreta harmonia, que permeia as fibras de um pensamento demonstrado *more geometrico* e *poetico*, sem recíprocas diminuições, dentro de uma leitura contínua e intervalar, espessa e leve, remissiva e original, reveladora de uma virtude técnica rara, a par de uma preciosa atenção ao leitor.

A transparência é uma conquista, que não elimina um sem-número de portas e janelas, que se podem abrir de par em par, a cada página, descortinando outras paisagens, das quais se protege essa firme e delicada casa de cristal. Protege-se para não perder o núcleo das coisas essenciais.

Não faltam exemplos de janelas ou corredores que adentram a filosofia de Louis Lavelle, como quando, por exemplo, Tarcísio Padilha discute a opção da univocidade do ser, em detrimento da equivocidade, ou sobretudo da analogia do ser – a partir da qual a síntese tomista ergue um sistema que exige altitudes rarefeitas. Essa é uma das muitas janelas entreabertas.

Assim, para chegar a Louis Lavelle, Tarcísio Padilha não poderia não ser o filósofo da acolhida ou hospitalidade, mas agora, de um ponto de vista eminentemente teórico. Leitor das correntes platônicas e aristotélicas, além dos grandes sistemas do pensamento clássico, o ecumenismo de Padilha – atenção: não falo aqui de ecletismo! – reveste-se do impacto da modernidade. Com todos os desafios, na encruzilhada do tempo com a eternidade, como lembra no comentário a Lavelle. Tarcísio Padilha não trata das filosofias do século XX como desastres, capítulo de teratologia, ou museu de cera, segundo a percepção integrista de certos *metafísicos selvagens*. Para ele,

> é na História da Filosofia que se percebe melhor o ponto de encontro do relativo com o absoluto no que tange às indagações do espírito humano. O relativo exprime a dívida de cada pensador com a sua época. O absoluto, o que suas ideias representaram à *philosophia perennis*. Por conseguinte, a ambição de um filósofo deve ser a de falar a verdade eterna dentro da problemática de seu tempo, solucionando assim os problemas peculiares à conjuntura espaçotemporal de sua vida.

Como vemos, Padilha mergulha nas correntes ou tradições frias ou quentes da metafísica. E a escolha de Louis Lavelle – especialmente no capítulo do ato puro – corresponde a uma fina sintonia com a revisão da metafísica, muito longe de escoimá-la de "impurezas" ou "contingências", ou defender-lhe prerrogativas radicalmente abstratas, ou assépticas (como tributo a uma vetusta e despótica senhora de universais e transcendentais). Tarcísio reconhece-lhe a densidade específica, mas não deixa de dar relevo ao espaço da moral em Lavelle. Ele a defende, reiterando uma livre circulação de ar entre os pulmões da metafísica e os da ética. Uma interdependência não ontológica – mas metodológica.

O percurso de Padilha tem como *leitmotiv* uma irresistível demanda participativa, para usar uma chave cara a Lavelle. Dessa dupla condição, ética e metafísica, surgem os ensaios de Padilha sobre a esperança, de que se revestem os pontos essenciais de sua filosofia e práxis, não havendo, entre ambas, a mínima distância de matéria e de espírito.

Ao fim e ao cabo, a hospitalidade de um mestre consumado e de um grande generoso espírito.

Nota à 2ª edição

Antes de mais nada, cabe um especial agradecimento à Ruthinha, minha esposa, pelo ingente trabalho de proceder à revisão da tese.

É de registrar-se que o texto desta 2ª edição conserva intacto o conteúdo da 1ª. As poucas alterações havidas se limitaram a correções ortográficas e outras de escassa significação. As fontes e a bibliografia se cingiram à época da elaboração da tese, que foi defendida em 1955. Daí mantermos as fontes e a bibliografia constantes da 1ª edição.

Após tal período, abundaram teses, ensaios e artigos sobre Lavelle a revelar sua crescente presença no universo da filosofia.

Rio de Janeiro, 20 de janeiro de 2012.
Tarcísio Padilha

Introdução

por Tarcísio Padilha

No tumulto das ideias de nosso século, a filosofia de Lavelle surge como uma mensagem de paz, mercê do otimismo que irradia da sua metafísica realista. Esse otimismo se explica pela consciência de que o trágico pode ser superado através de uma perspectiva que o transfigura. Com esse objetivo, Lavelle timbra em descobrir o sentido original e puro das ideias. Sua filosofia constitui, portanto, uma tentativa constante de superar as antinomias, buscando sempre fórmulas capazes de unir teses julgadas inconciliáveis.

Isso se verifica a cada passo e em relação aos pontos fundamentais de seu pensamento. Vemos, então, o realismo e o idealismo, o voluntarismo e o intelectualismo, a univocidade e a analogia, o existencialismo e o essencialismo serem superados numa síntese compreensiva, em que não se desmerece nem se despreza o que cada uma dessas teses tem de verdadeiro.

É tentativa das mais audaciosas, ainda não suficientemente enaltecida, e o relativo silêncio em torno de suas ideias explica-se inicialmente pelo fato de Lavelle não encorajar polêmicas por considerá-las inúteis.[1] Acresce, além disso, salientar

---
[1] Louis Lavelle, *De l'Être*, p. 28.

que a beleza arquitetônica de seu estilo, segundo B. Delfgaauw superior mesmo ao de Bergson,[2] em nada diminui a dificuldade de penetrar na densidade da sua metafísica.

Alguns se iludem e veem na harmonia estética da forma convite à fácil compreensão das ideias. Mas Gaston Berger adverte que "a densidade mesma da expressão torna o pensamento de Louis Lavelle de uma extrema dificuldade e não convém que a perfeição do estilo e a elegância da exposição logrem enganar-nos".[3]

Acreditamos, porém, que a modéstia de Lavelle seja razão verdadeira da desproporção existente entre a sublimidade profunda das suas ideias e a importância ainda reduzida que lhes é votada.[4]

Seu pensamento resultou de um contato permanente com os problemas do homem moderno, objetivando, invariavelmente, solucioná-los à luz do seu realismo espiritualista. Particularmente, o existencialismo prendeu a atenção do filósofo, pois nenhum outro sistema traduz, de maneira tão expressiva, o estado de crise dos nossos dias. Atestado cruel da época em que vivemos, acentua os traços amargos da miséria humana. Retrata, pois, o homem como um ser prisioneiro de uma vida sem sentido, sendo a morte um ponto-final na cadeia de absurdos de uma existência nauseante. Não se apresenta, por conseguinte, o existencialismo como uma terapêutica capaz de reintegrar o homem nas coordenadas de um destino transcendente, mas limita-se a uma análise

---

[2] B. Delfgaauw, *Het Spiritualistich Existentialisme van Louis Lavelle*, p. 5. Luigi Stefanni: "E la immediatezza viva del suo pensare era pari alta spontaneità quasi fluida del suo stile che, per tale sua qualità, è un dono fatto contemporaneamente alla letteratura e alla filosofia". "In Morte di Louis Lavelle". *Humanitas*, n. 10, 1951, p. 962.

[3] Gaston Berger, "Louis Lavelle". *Les Études Philosophiques*, n. 2-3, 1951, p. 125. Leroux faz a mesma advertência quando diz que a obra lavelliana proporciona "une satisfaction esthétique qui endort l'esprit critique". Apud Irinéo Chevalier, "Aperçu sur la Philosophie de M. Lavelle". *Revue Thomiste*, 1939, p. 509.

[4] René Le Senne, "Louis Lavelle". *Giornale di Metafisica*, n. 4, 1952, p. 413. A modéstia de Lavelle é ainda retratada no belo perfil de J. Dumas, "Louis Lavelle", *La Vie Intellectuelle*, n. 4, 1952, p. 119-22.

fenomenológica do homem decaído, na qual não se apontam os antídotos contra o desespero.

Eis que ele não obtém sucesso senão nas almas já desesperadas ou que o querem ser. Essa invasão de niilismo certamente se deve ao abalo produzido por duas hecatombes mundiais que coincidiu na Europa com uma renascença admirável do pensamento filosófico. Lavelle tem plena consciência dos problemas gerados por esse estado de espírito, tanto mais quanto sentiu diretamente os seus efeitos. Na Primeira Guerra Mundial, foi feito prisioneiro, tendo mesmo escrito a sua tese de doutorado – *La Dialéctique du Monde Sensible* – em Giessen, na Alemanha.

No momento em que a existência está mais ameaçada, a consciência humana interroga-se com mais ansiedade sobre a sua origem e sobre o seu valor. Pelo contrário, nos períodos de tranquilidade os homens ocupam-se apenas com as atividades do quotidiano, tornando-se facilmente presa do positivismo. Os momentos de crise, no entanto, conduzem a especulação à metafísica e à religião.

O existencialismo teve, sem dúvida, o mérito de chamar a atenção à existência e à liberdade que, engastada num corpo, a explica e a justifica. Limitou-se, contudo, a uma física da existência quando substituiu o empirismo do objeto pelo empirismo do sujeito.[5]

Ao homem atormentado do século XX Lavelle propõe a escolha de um dentre os dois únicos caminhos: "Não há senão duas filosofias entre as quais é necessário escolher: a de Protágoras, segundo a qual o homem é a medida de todas as coisas, mas a medida que ele se dá é também a sua própria medida; e a de Platão, que é também a de Descartes, para quem a medida de todas as coisas é Deus e não o homem, mas um Deus que se deixa participar pelo homem, que não é somente o Deus dos

---

[5] Louis Lavelle, prefácio de *L'Existence de Dieu*, de Michele Federico Sciacca, p. 7-8, e *Introduction à la Dialectique de l'Éternel Présent*, que precede a 3ª ed. de *De l'Être*, p. 30-35.

filósofos – o Deus das almas simples e vigorosas que sabem que a verdade e o bem estão acima delas e jamais se recusam àqueles que as buscam com coragem e humildade."[6]

O retorno ao platonismo que neste trecho se propõe não esconde a origem cristã que o impregna, permitindo que se considere a síntese lavelliana um platonismo cristão.[7]

---

[6] Louis Lavelle, *De l'Être*, p. 35.

[7] Louis Lavelle, carta endereçada a Sciacca em 22 de abril de 1946. *Giornale di Metafisica*, n. 4, 1952, p. 487. Louis Lavelle, "Les Trois Moments de la Métaphysique". *L'Activité Philosophique Contemporaine en France et aux États-Unis*, vol. II, p. 146.

PARTE I

O SER

1. Unidade do ser

1. Universalidade do Ser

A filosofia de Lavelle é, antes de tudo, uma filosofia do ser. Não constitui unicamente uma descrição fenomenológica da consciência a estruturar uma filosofia sem sistema e radicalmente revolucionária como atitude de pensamento, mas uma afirmação inicial e pujante da primazia do ser como anterior a todas as distinções que em seu bojo se realizam.[1] Pensar arbitrariamente numa anterioridade do sujeito ou do objeto, colocar-se numa perspectiva determinada e cingir-se a uma posição apriorista é desconhecer a verdadeira situação do ser como traço de união e ponto de convergência obrigatório dos conceitos que fragmentariamente multiplicam sua unidade inicial. Não há, aliás,

---

[1] Essa primazia longamente estabelecida no *De l'Être*, p. 39 a 54, já fora afirmada na tese de doutorado. Na introdução a *Dialéctique du Monde Sensible*, Lavelle assevera que a noção de ser é o fundamento de todo o seu edifício: "Nous avons mis à la base de toute notre analyse la notion de l'être, non pas seulement parce que toutes les autres la supposent, mais parce qu'elle est un principe d'une fécondité indéfinie: au lieu d'être comme on le croi, un genre abstrait et inerte, élle réside dans l'unite parfaite d'un acte qui s'exprime par une distinction sans cesse renouvelée et engendre une diversité réglée, semblable à la voix, qui est une et émet une inépuisable varieté de sons, et qui reste une, bien qu'une multiplicité d'individus l'entende", p. 36.

uma primazia do ser, mas do Ser enquanto se afirma como realidade à qual nada se pode antepor, não tendo sentido, por conseguinte, falar-se numa passagem do não-ser ao ser como se o ser pudesse nascer.[2]

Pode-se mesmo dizer que o nada implica uma total impossibilidade, pois cumpre admitir um sujeito que o põe e que necessariamente faz parte integrante do ser.[3]

Alguns pretendem vincular o ser à inteligência, subordinando-o à inteligibilidade, como se o ser não fosse anterior a esta como resultado de uma experiência pura. Entretanto, cumpre observar que "toda consciência é uma consciência intelectual", de sorte que a distinção do ser e da inteligência nasce da separação que se opera no ser e que permite ao eu pensar nessa distinção nascida do ser que é o meu eu. "É a introdução do eu no ser que faz, dessa distinção possível entre o ser e a inteligência, uma distinção real."[4] Mas esse eu que surge da passagem que se realiza entre um dado e uma operação,[5] e ainda entre uma vocação e um destino,[6] me faz o ser que sou e me constitui na própria realidade do meu ser e na multiplicidade como participação do eu no Ser.

É isso que constitui o que Aimé Forest, com rara felicidade, chama de "o consentimento ao ser". O ser não é, assim, uma realidade opaca, bruta e sem vida, mas totaliza, na exuberância de suas realizações possíveis, a plenitude de uma existência cuja riqueza jamais se esgota através dos indefinidos modos possíveis de participação.[7]

---

[2] Os tomistas podem reconhecer, nessa primazia do ser como afirmação, um tema fundamental de Santo Tomás. Assim, Jourdain Messaut, O. P., em sua recensão ao *Le Moi et Son Destin*, evidencia a existência de pontos de contato entre o tomismo e o lavellismo, sobretudo o assinalado. *Revue Thomiste*, 1937, t. XLII, 2, p. 291.

[3] Louis Lavelle, *De l'Être*, p. 41.

[4] Ibidem, p. 46.

[5] Ibidem.

[6] Louis Lavelle, *O Erro de Narciso*. São Paulo, Editora É, 2012, cap. 7, p. 117-30.

[7] Idem, *Introduction à l'Ontologie*, p. VII.

E como "o ser não tem nem fonte, nem fim",[8] o Bem está a ele subordinado. Mas esse ser, sendo a luz que a tudo alumia, determina, por outro lado, a experiência da sua presença.

Depois de firmar vigorosamente a primazia do ser, Lavelle enceta o exame do método metafísico por excelência.

Como não se trata de uma primazia lógica ou histórica, porque o ser é contemporâneo de todas as formas de que se pode revestir,[9] o único método legítimo é o analítico. Inútil tentar o caminho que parte da realidade opaca à interioridade, pois "o método fundamental da metafísica (...) procede sempre de uma realidade interior e vivida para uma realidade objetiva e aparente".[10] Aqui, Lavelle insurge-se decididamente contra o método sintético propugnado por Octave Hamelin, que funda o seu método na relação graças à qual intenta construir todas as determinações do mundo real mediante uma série de fases dialéticas.[11] Lavelle obtempera, no entanto, que "a relação corresponde ao ato elementar pelo qual, uma vez que a parte foi distinguida do todo, se tenta reconstruí-lo. Ela supõe, portanto, o todo". Destarte, Lavelle considera que a relação hameliana "não pode ser senão uma exposição sistemática das descobertas primeiras na análise". A conclusão é, pois, inexorável: "Preferimos à relação a participação que apreende de imediato essa relação privilegiada em que a existência do sujeito se acha comprometida numa solidariedade vivida com a totalidade do ser na qual ele se inscreve.[12]

A anterioridade do ser em relação ao plano do conhecimento tem como corolário indispensável o método analítico que não é senão uma descrição do ser. Essa descrição, todavia, atinge-lhe a essência na medida em que alcança a operação

---

[8] Idem, *De l'Être*, p. 49.
[9] Ibidem, p. 52.
[10] Louis Lavelle, *La Dialectique du Monde Sensible*, p. 20 (nota acrescentada por Lavelle para a recente edição de sua tese).
[11] Ibidem, p. 24.
[12] Ibidem.

fundamental da construção do meu ser. É, pois, pela análise que me dou o ser a mim mesmo.[13]

A unidade do ser justifica-lhe a primazia apenas através da universalidade e da univocidade. Daí a necessidade de estudar a universalidade do ser, que assim supera as distinções em categorias e a univocidade, sem a qual nos arriscamos a perder o sentido mesmo do ser mediante a sua atomização.

O ser destrói as distinções entre a realidade e a aparência, entre o inteligível e o sensível. Essa harmonia entre o inteligível e o sensível verifica-se no concreto, pois não devemos ceder a uma concepção do ser que transforma a metafísica em lógica, ou melhor, que procede de uma logificação da metafísica. É de bom aviso conservar uma espécie de docilidade em face do ser, semelhante ao que Peter Wust chama de ingenuidade ou de pureza na aparência do ser.[14] Aliás, há dois extremos a evitar, ambos relativos à visualização do ser: alguns negam o ato, admitindo apenas o dado – são os materialistas; outros admitem o ato e recusam o dado, por acreditarem que o dado só existe enquanto um ato lhe dá consistência – são os idealistas.[15] Mais uma vez, a solução consiste em aceitar a verdade de cada tese. Assim, por exemplo, à universalidade do ser não é estranha a fenomenalidade, pois existir para outrem é ainda incluir-se na categoria ontológica.

Frequentemente, a metafísica é vítima da incompreensão. Parece que certos problemas têm o condão de contrariar a perspectiva do quotidiano, como se os filósofos fossem prestidigitadores da sabedoria, burilando a técnica do ilusionismo na obra de desvirtuar o sentido original e autêntico das coisas. Malebranche, considerado por Lavelle como o mais lúcido dos metafísicos,[16] atribui à interferência da imaginação

---

[13] Louis Lavelle, *De l'Être*, p. 53.

[14] Idem, *La Présence Totale*, p. 26: "(...) il est difficile de l'isoler [a experiência do ser] pour la considérer dans sa pureté: il y faut une certaine innocence, un esprit libéré de tout intérêt et même de toute préoccupation particulière".

[15] Idem, *De l'Être*, p. 56.

[16] Idem, *La Philosophie Française entre les Deux Guerres*, p. 8.

a dificuldade que alguns problemas oferecem à compreeensão dos que se aventuram a trilhar o árduo campo do pensamento especulativo ("l'imagination est la folle du logis"). Lavelle conclui que "o caminho que conduz à metafísica é particularmente difícil. E há poucos que conseguem galgá-lo".[17]

Outro exemplo frisante da dificuldade de se compreender a universalidade do ser nos é oferecido pelo possível. Querem alguns atribuir-lhe uma anterioridade ou, pelo menos, uma exterioridade ao ser, quando ele não é senão um de seus aspectos. Se o possível não é senão um aspecto do ser, vê-se que não escapa à sua universalidade. A noção de tempo igualmente suscita dúvidas quanto à sua situação em face do ser. Para se compreender a problemática do tempo impõe-se a consideração de que ele não é senão a relação original que se estabelece entre a percepção e a lembrança ou, mais exatamente, entre o presente e o passado-presente.[18] Lavelle invoca constantemente o conceito de tempo, tendo mesmo subordinado a sua obra fundamental, planejada em cinco volumes, ao título geral de "la dialectique de l'éternel present". A tal ponto o presente insere-se na metafísica participacionista de Lavelle, que Émile Brehier assevera que a consideração do presente é a marca própria e original do espiritualismo de Lavelle.[19]

Dentro ainda da problemática do tempo situa-se o porvir, enquanto traduz a possiblidade para o ser finito de participar, por uma operação que lhe é própria, do ato imutável da criação.[20] "A originalidade do porvir provém precisamente de que ele fica indeterminado diante de nós, incapaz, por conseguinte, de fornecer uma imagem de si mesmo até o momento em que se converteu em passado."[21]

A noção de tempo enquanto objeto da universalidade do ser suscita ainda uma outra consideração. Lavelle refere-se

---

[17] Idem, *De l'Acte*, p. 9.
[18] Idem, *De l'Être*, p. 64.
[19] Émile Bréhier, *Transformation de la Philosophie Française*, p. 210.
[20] Louis Lavelle, *De l'Être*, p. 67.
[21] Ibidem, p. 68.

ao privilégio ontológico do instante que não é "uma transição temporal, senão para nos dar o meio de penetrar num presente eterno".[22] O tempo transfigura-se como que por encanto na transporalidade de nosso destino. Representa, destarte, o sulco de nossa existência na eternidade.[23]

A universalidade do ser resulta, pois, da constatação de que os termos que aparentemente dele estão excluídos – nada possível, passado, futuro, etc. – "representam certas de suas formas e (...) é impossível lhes traçar limites porque seria preciso colocar nele isso que o limita".[24]

Na trama complexa de sua metafísica, Lavelle consolida inicialmente a universalidade do ser para depois enveredar pelos caminhos bem mais difíceis de sua univocidade.

2. Univocidade do Ser

Inicialmente, cumpre ressaltar que a renovação da querela medieval entre escotistas e tomitas em torno do problema do ser recebeu novo significado na filosofia de Lavelle. A universalidade e a univocidade do ser constituem duas expressões que definem a unidade do ser, quando considerados os pontos de vista da extensão e da compreensão.[25]

Fiel neste particular à diretriz de buscar invariavelmente uma conciliação possível entre asseverações aparentemente antagônicas, Lavelle encontra mais essa oportunidade de harmonizar afirmações contraditórias através da assertiva de que a analogia e a univocidade são teses que a ontologia clássica tem divorciado, quando elas não constituem senão aspectos parciais de uma verdade mais ampla, capaz de englobá-las.[26]

---

[22] Ibidem, p. 71.
[23] Louis Lavelle, "La mia Prospettiva Filosofica", p. 131.
[24] Idem, *De l'Être*, p. 75.
[25] Ibidem, p. 14.
[26] Louis Lavelle, *De l'Acte*, p. 223.

Assim, "o ser de uma coisa não é distinto dessa coisa, mas é essa mesma coisa considerada (...) na totalidade atual dos seus atributos".[27] Para compreendê-lo importa salientar que "é a sua inscrição no todo ou no fato de a ele pertencer que dá o ser a cada coisa, por mais miserável que ela seja".[28] Eis o verdadeiro sentido da univocidade.

Essa linha de considerações inclina Lavelle à apreensão do ser com uma feição inteiramente original, a de "todo o concreto em que todas as coisas estão contidas e podem ser distinguidas uma das outras graças à análise".[29]

Há quem pretenda que essa concepção, no plano ontológico, tirou do lavellismo um *substractum* gnoseológico. Tal asseveração de Nobile[30] pode ser confirmada através da leitura de textos do *De l'Être* (p. 15), da *Introduction à l'Ontologie* (p. 17) e do *Traitê des Valeurs* (I, p. 24). No primeiro texto, Lavelle mostra que o termo relação exprime, na linguagem da *gnoseologia*, o que a identidade do ser e do todo traduz na linguagem da *ontologia*. Trata-se aqui mais uma vez de provar que muitos problemas da filosofia são resolvidos quando englobados num contexto integral, isto é, quando mostramos a sua dependência de outros, cuja solução acarreta o esclarecimento de questões diversas das inicialmente focalizadas. Destarte, a unidade do ser anula a

---

[27] Idem, *De l'Être*, p. 15.
[28] Ibidem.
[29] Louis Lavelle, *Introduction à l'Ontologie*, p. 12.
[30] O. M. Nobile: "Il non aver dato nel suo sistema alla gnoseologia il posto che lo compete, e il non aver neppure tentato di giustificare tale trascuranza, è probabilmente l'origine di molte aporie nel pensiero di Lavelle." *La Filosofia di Louis Lavelle*, p. 111. Pier Giovanni Grasso apresenta o mesmo temor: "(...) se con ciò [a afirmação de Lavelle de que experimentamos o absoluto em nossa intimidade] Lavelle vuol dire che *metafisicamente*, e cioè nel piano della realtà, il fatto primo, ciò che prima di tutto e sopratutto è necessario perchè un essere esista è il suo rapporto di dipendenza e di partecipazione con Dio, allora nulla c'è da obbiettare. Ma se invece egli intende dire (come para intenda dire) che anche *gnoseologicamente*, e cioè sul piano della conoscenza, il fatto primo ciò che innanziatutto si conosce, anzi 'si sperimenta' e il rapporto partecipativo, è l'Assoluto presente e cooperante in noi, allora si dovrà apporgli che, in campo naturale, è assolutamente insostenibile una qualsiasi 'esperienza' o intuizione dell'Assoluto nella intimità della conoscenza". *Lavelle*, p. 153.

questão prévia do conhecimento, portanto a distinção entre sujeito e objeto supõe o ser que os precede.

A mesma ideia apresenta-se sob outra forma na *Introduction à l'Ontologie* (p. 17), quando Lavelle diz: "No ato da afirmação há uma espécie de recobrimento do gnoseológico e do ontológico". Em carta endereçada a Michele Federico Sciacca, Lavelle renova a mesma tese: "É da metafísica que queríamos fazer depender a teoria do conhecimento que até então a tinha fundamentado".[31]

Ora, como o ser se define como a potência universal de afirmação, torna-se impossível colocar o problema crítico do conhecimento em termos kantianos, visto que a feição visceralmente ontológica do pensamento lavelliano o interdita.

Finalmente, no seu tratado sobre os valores (p. 24), Lavelle esclarece haver correlação entre a questão axiológica e o problema do conhecimento, salientando outrossim que os dois problemas dependem do metafísico. Só este, na verdade, nos permite ver se o valor é uma forma de ser.

Os textos em que nos baseamos evidenciam que a filosofia de Lavelle é, antes de tudo, uma filosofia do ser. Por essa razão, de sua filosofia irradia uma inegável coerência interna, porque tudo depende de uma visão ampla do ser. Quaisquer dúvidas oriundas de problemas outros que não o fundamental do ser acabam por perder sua obscuridade frente à descoberta do Ser.

Julgamos necessário frisar que o lavellismo, conquanto tenha o grande mérito de desviar a metafísica do idealismo

---

[31] Louis Lavelle, carta endereçada a Sciacca em 22 de abril de 1945, em *Giornale di Metafísica*, n. 4, 1952, p. 457. Louis Lavelle, "Les Trois Moments de la Métaphysique". *L'Activité Philosophique Contemporaine en France et aux États-Unis*, vol. II, p. 132: "Il ne sert à rien de chercher à définir la métaphisique et de s'interroger sur sa possibilité avant d'entreprendre de la constituer." James Collins, corroborando o pensamento de Lavelle, observou que: "For Lavelle there is no legitimate critique of knowledge. He defends the validity of metaphysics by reviewing the kantian attack upon first philosophy in the light of his own account of the relation between thougth and being". "Louis Lavelle – On Human Participation". *The Philosophical Review*, 1947, março, p. 166. Adiante, acrescenta o mesmo autor: "Lavelle's originality lies in his restatement of this correlativity in terms of the doctrine of participation, rather than a support for the kantian theory of objective knowledge", p. 171.

que malbaratou tantas inteligências de escol, incidiu no erro de exagerar a crítica que lhe moveu. Nota-se, realmente, excessivo descaso pela teoria do conhecimento, diríamos mesmo uma certeza muito imediata de um conhecimento autêntico. Certamente, essa posição se deve ao louvável desejo de não cair nas armadilhas do idealismo, em que, por vezes, tropeçam alguns filósofos realistas. Quer-nos parecer, todavia, que a metafísica do conhecimento é a pedra angular de qualquer edificação especulativa. Lavelle, porém, insiste em dizer que o conhecer é posterior ao ser e não o inverso. Tal afirmação, incontestavelmente verdadeira no plano ontológico, não tem a mesma valia no plano gnoseológico. Poderíamos, talvez, admitir a existência de uma teoria do conhecimento implícita no conteúdo doutrinal do lavellismo. Equivaleria a dizer-se que, *in actu exercito*, se patentearia a legitimidade da inteligência no trato com o real. Seria mais aconselhável, no entanto, explicitar a afirmação de fé no ato cognoscitivo, sem a qual a visão do Ser poderia traduzir apenas a aspiração dos seres de conviver com um absoluto distante e inacessível.

Para afirmar a univocidade do ser, Lavelle combate o método sintético, pelo qual partimos de ideias abstratas e só depois chegamos ao concreto. Aqui, evidencia-se o realismo do filósofo, que, embora oriundo de uma formação kantiana caracterizada, aliás, na sua tese de doutorado, conseguiu superar essa fase para afirmar a primazia do ser em relação a qualquer termo capaz de corromper a pureza de sua descoberta no Absoluto. Com efeito, o método sintético integra a realidade numa ideia. Mas o ser é o mesmo para todos, porquanto o nosso conhecimento mais profundo não é senão um consentimento ao ser.[32] Patenteando uma vez mais o seu realismo, considera Lavelle que até a comunicação entre os homens só é possível em razão da comunicação de cada um dos homens com o mesmo objeto.[33]

---

[32] Louis Lavelle, *La Présence Totale*, p. 39.
[33] Ibidem, p. 30. Louis Lavelle, *De l'Acte*, p. 321.

Todavia, o que realmente esclarece a univocidade é a consideração de que "o ser é unívoco como é universal e que, se tudo está presente nele, é preciso que ele esteja presente integralmente".[34] Esclarecendo: é da ideia de ser, considerada como *todo,* que deriva a universalidade e a univocidade, a primeira no sentido de possibilidade ilimitada envolvendo os modos reais, e a segunda quando engloba os modos reais ou possíveis no mesmo todo.[35]

Mas quando fala da ideia de ser, Lavelle quer dizer o próprio ser, pois a ideia de ser destina-se apenas a traduzir a inscrição no mesmo ser de todas as suas formas particulares. Daí constituir erro palmar considerar o ser como deficiência e não como plenitude.[36]

É a plenitude de ser que mais caracteriza, porque há um número indefinido de seres a participar do Ser e que constituem atestado da exuberância do Ser na infinitude de suas perfeições. Donde a conclusão inexorável de que a noção de ser constitui sua mutilação irreparável. Os que se atêm à concepção do ser abstrato veem no possível uma espécie de não ser à espera da munificência de um ser vazio de conteúdo. Com isso, aplainam o terreno à renovação da tese hegeliana do ser indeterminado, cuja ausência de entidades acarreta o estabelecimento do não ser.

Não podemos dizer que uma coisa existe como se a existência fosse algo que se acrescentasse a essa coisa. A existência de cada coisa consiste na totalidade de suas propriedades.[37] "É porque a ideia de ser não se distingue do seu objeto que ela é sempre uma

---

[34] Louis Lavelle, *De l'Être*, p. 75 e 122. Louis Lavelle, *La Présence Totale*, p. 36, 104 e 156.

[35] A tese de univocidade destrói uma pseudozona intermediária entre o Ser e o nada. Cf. Louis Lavelle, "Être et Acte". *Revue de Métaphysique et de Morale*, 1936, p. 197.

[36] Louis Lavelle, *De l'Être*, p. 77. Louis Lavelle, *La Dialectique du Monde Sensible*, p. 8: "Cette plénitude est celle d'un acte où les déterminations particulières ne sont à notre égard que des possibilités qu'il dépendra de nous d'actualiser".

[37] Louis Lavelle, *De l'Être*, p. 81.

infinidade atual e criadora".[38] Vê-se, desse modo, que o conteúdo de cada ser é um olhar sobre a totalidade do ser.[39]

A heterogeneidade das qualidades não invalida a univocidade, pois qualquer ser tem a sua inscrição assegurada no todo, constituindo cada ser somente um aspecto particular.[40] Assim é que toda dificuldade suscitada pelo ser emana da confusão existente entre o ser e as suas qualidades. É que o estabelecimento de uma hierarquia gera não o problema do ser, mas dos seus atributos, esclarecendo não o idêntico, mas o diverso.[41]

A univocidade do ser torna-o presente integralmente em cada ponto. Surge, então, claramente a dialética plotiniana a inspirar a metafísica lavelliana: "O mistério do Uno concreto é propagar-se numa diversidade indefinida que, longe de o romper, o deixa em toda a parte igual a si mesmo".[42]

Gonzague Truc atribui a Lavelle uma frase que bem define a inspiração original do filósofo: "On philosophe, selon qu'on platonise".[43] Esse pensamento ganha mais significado na medida em que a dialética lavelliana pretende harmonizar o Ser e os seres, o Uno e o múltiplo. Mas se é verdade que o lavellismo repousa no platonismo a ponto de ser licitamente considerado neoplatonismo, não é menos verdade que, mais do que Platão, nele se sente a presença de Plotino.[44] É certo que Lavelle poucas vezes se refere expressamente ao autor das *Enneadas*, mas muitas passagens de sua obra estão a indicar a influência de Plotino em seu pensamento.[45]

---

[38] Ibidem.

[39] Ibidem, p. 85.

[40] Ibidem, p. 84.

[41] Ibidem, p. 88.

[42] Ibidem, p. 93-94. Pier Giovanni Grasso, *Lavelle*, p. 162.

[43] Gonzague Truc, *De J. P. Sartre à L. Lavelle*, p. 144.

[44] Irinée Chevalier, O. P., "Aperçu sur la Philosophie de M. Lavelle". *Revue Thomiste*, 1939, p. 510-11.

[45] Como não perceber a presença de Plotino nos textos abaixo, embora Lavelle a ele não se refira? "(...) poser cet un, qui est le contraire du multiple, c'est donc se référer à un Un qui contient en lui les deux contraires, soit que le multiple soit obtenu par division de l'un et atteste sa richesse, soit qui soit obtenu par

A propósito do parentesco entre Lavelle e Plotino, assim se pronuncia o Prof. Delfgaauw: "Não há pensador que tanto evoque. A preocupação contínua da unidade e da pluralidade do ser, a tendência do ato participante de unir-se ao ato participado, a unidade da metafísica, da moral e da mística, temas esses decisivos para caracterizar o pensamento de Lavelle, fazem-nos lembrar continuamente de Plotino".[46]

Portanto, a dialética não tem como objeto "nem dividir o uno nem unificar o múltiplo, mas mostrar como a multiplicidade, em lugar de destruir a unidade, a requer e atesta, de algum modo, a eficácia onipresente de sua operação".[47]

Torna-se, agora, mais fácil compreender a tese da extinção dos graus de ser. A univocidade é responsável pela substituição dos graus de ser por graus de consciência.

Em que pese o caráter incisivo da univocidade do ser, acreditamos na existência de um parentesco não pequeno entre a univocidade lavelliana e a analogia tomista.[48]

Certamente, é difícil de se aceitar a tese metafísica da coexistência da univocidade com a analogia. A impressão que

---

multiplication et atteste sa fécondité". Lavelle, *De l'Acte*, p. 209. "(...) à l'égard des êtres participés, l'infinité de l'Un actuel s'exprime de trois maniéres: 1º) par cette totalité intensive de l'Être, qui, au lieu d'exclure appelle la multiplicité extensive de ses formes particulières, chacune de celles-ci évoquant l'infinité, dès qu'elle envisage son rapport avec celle-là, soit pour se donner à elle-même un développement qui ne finit pas, soit pour pluraliser les formes d'existence qui réalisent avec elle, sans l'achever jamais, la totalité de la participation; 2º) par cette puissance que nous atribuons toujours à l'Être qui ne chôme jamais et par laquelle, loin de pouvoir arriver à l'enclore lui-même à l'intérieur de certaines limites qui constitueraient son existence propre, nous ne le considérons comme capable de se suffire que parece que non seulement il se donne à lui-même l'existence, mais il la donne en même temps à tout ce qui existe. Ce qui est puissant l'est toujours pour faire exister ce qui n'était pas; 3º) par cette sorte d'égalité que gardent à son égard tous les êtres finis, non point seulement par comparaison avec lui, mais parce qu'ils son tous hors d'état de rien posséder par eux-mêmes et qu'ils tiennent de lui leur être véritable, c'est-à-dire leur liberté, qui n'est rien sinon le pouvoir de se donner tout"; p. 239.

[46] Delfgaauw, *Het Spiritualistich Existentialisme van Louis Lavelle*, p. 27.

[47] Louis Lavelle, *De l'Être*, p. 97.

[48] Jean École, "Louis Lavelle et sa Philosophie". *Revue Thomiste*, 1952, I, p. 152.

se tem é de que não apenas a univocidade repele a analogia, como postula ainda o pateísmo. Entretanto, Lavelle tem como certo que o ser é unívoco e "qualquer que seja a diferença entre seus modos, ela não atinge o ser desses modos".[49] É que a univocidade e a analogia constituem duas perspectivas diferentes e complementares sobre o ser, referindo-se a primeira à sua unidade onipresente e a segunda aos seus modos diferenciados.[50]

Muito se tem discutido o problema, principalmente no que tange à correlação entre a univocidade e o panteísmo. Lavelle não escapou à suspeita de panteísmo, havendo quem chegue ao ponto de acusá-lo frontalmente.[51]

A relação estabelecida por Lavelle entre Deus e a liberdade despertou do filósofo italiano Sciacca uma severa crítica, objeto de uma correspondência entre ambos. Às reservas de Sciacca Lavelle responde: "Onde existe liberdade de que fazemos uso e um uso ontológico, como seria possível o panteísmo?". Aliás, a prova de que o lavellismo não instaura uma modalidade de panteísmo e que Spinoza, o mais qualificado representante do panteísmo, tem o especial cuidado de excluir a liberdade como uma pura quimera.[52] Não têm, pois, razão aqueles que concluem necessariamente o panteísmo de premissas univocistas.

Mais uma vez, o lavellismo insurge-se contra o unilateralismo, buscando a superação das antinomias – no caso, a superação da oposição entre univocidade e analogia.

"Estou ligado à univocidade, diz Lavelle, mas sem querer opor Scot a Santo Tomás. Parece-me que a univocidade é o único meio que temos para conservar ao ser sua

---

[49] Louis Lavelle, *Introduction à l'Ontologie*, p. 10.
[50] Idem, *De l'Être*, p. 16.
[51] G. Ceriani, *Rivista di Filosofia Neo-Scolastica*, 1935, II, p. 182-84. Pierre Lachièze-Rey, *Le Moi, le Monde et Dieu*, p. 101.
[52] Louis Lavelle, *Giornalle di Metafisica*, n. 4, 1952, p. 496.

simplicidade e sua grandeza".⁵³ E adiante, como que sintetiza todo seu pensamento a respeito da univocidade: "É a univocidade na escala do ser que funda a analogia na escala da consciência ou da coisa".⁵⁴

A relação entre o Ser e os seres foi objeto de uma importante correspondência entre Lavelle e Delfgaauw, publicada na obra do mestre holandês. Sugeriu este uma explicação bastante clara sobre o problema: "O ser mostra-se sempre sob uma forma particularizada, mas todos os seres particulares participam igualmente do ser. Eles são idênticos quanto à sua existência, que funda sua univocidade. Mas eles são, ao mesmo tempo, diversos quanto aos seus modos de existência ou à sua essência, o que funda sua analogia". E adiante: "Todos os seres particulares são unívocos quanto à sua existência, equívocos quanto à sua essência. Esse jogo da univocidade e da equivocidade em cada ser nas suas relações com todos os outros é que designo como a analogia dos seres. Analogia é, portanto, composta de univocidade e equivocidade".⁵⁵

Sciacca, porém, insiste: "Mas exatamente porque a sua posição sobre esse ponto, como sobre outros, é diversa da de Spinoza e do panteísmo, não vejo ainda como o seu antipanteísmo pode ser plenamente justificado, uma vez estabelecida a univocidade do ser".⁵⁶

---

⁵³ Ibidem, p. 495. Depois de afirmar que a univocidade poderia suscitar objeções de filósofos tomistas, Lavelle conclui: "(...) il est vain aujourd'hui de vouloir ranimer les querelles entre l'univocité et l'analogie et d'opposer Scot à Saint. Car l'univocité de l'être, si elle n'est pas l'unité d'une dénomination abstraite, exprime seulement cette idée que c'est Dieu qui est l'être de toute chose; et loin de nous conduire au panthéisme et d'exclure l'analogie, elle nous presérve du premier en nous obligeant à faire de chaque être particulier un centre d'iniciative comparable à l'Être dont il participe et elle fonde le second en empêchant tous les êtres particuliers d'êtres séparés les uns des autres et de Dieu par un fossé impossible à franchir". Lavelle, *La Dialectique du Monde Sensible*, p. 1-2 (nota acrescentada na segunda edição). Louis Lavelle, *De l'Être*, p. 295.

⁵⁴ Louis Lavelle, *Giornale di Metafisica*, n. 4, 1952, p. 495.

⁵⁵ B. Delfgaauw, *Het Spiritualistisch Existencialisme van Louis Lavelle*, p. 125.

⁵⁶ Michele Federico Sciacca, carta a Lavelle, de 17 de outubro de 1949, em *Giornale di Metafisica*, n. 4, 1951, p. 499.

Reservas semelhantes são feitas por Grasso, como Sciacca, ligado ao grande filósofo por laços de amizade. A resposta a Grasso foi objeto de uma carta a ele dirigida, em que afirma que a participação é obra de uma liberdade.[57]

Ainda a propósito da univocidade do ser segundo Lavelle, o professor N. J. J. Balthasar, insigne cultor da metafísica na Universidade de Louvain, apresentou uma tese em que, re-tratando-se de uma acusação anteriormente endereçada ao lavellismo, quanto o acoimava de panteísta,[58] descobriu uma nova fórmula de conciliar a univocidade com a transcendência divina – "a univocidade não imanente do ser total".[59]

Afirma, de início, que "a declaração explícita do caráter não imanente da univocidade divina coloca L. Lavelle a salvo de qualquer suspeita de monismo panteísta". Para Lavelle, o ser total ou o todo do ser é não imanente aos seres, pois ele não é especificado nos seus modos através dos fenômenos, como também não o é nos sujeitos noúmenos reflexivos.

Daí a compreensão da univocidade exigir o conceito de participação e só através dele jusficar-se.[60]

Há, porém, que se ressaltar dois tipos de univocidade. A univocidade aqui não se confunde de modo algum com a univocidade na abstração. As duas são análogas entre si; uma porém refere-se à ordem do existir transcendental, enquanto a outra cinge-se à ordem da abstração. Conclui, então, Balthasar que a presença do ser total nos seres dele participantes é não imanente, não formal, mas transcendente criadora.

A presença total não é criadora porque é hiperimanente, isto é, a univocidade de Deus nada tem a ver com um termo de

---

[57] Louis Lavelle, *Salesianum*, n. 4, 1951, p. 552.

[58] N. Balthasar, "recensão de *La Présence Totale*". *Revue Neoscolastique de Philosophie*, 1934, t. 37, p. 112-17.

[59] N. Balthasar, "L'Univocité non Immanente de l'Être Total". *Giornale di Metafísica*, n. 4, 1952, p. 422-50.

[60] Por essa razão, somente a leitura da segunda parte de nossa tese possibilitará a plena compreensão da univocidade lavelliana e a imensa distância que a separa do panteísmo.

primeira intenção que se aplicaria aos inferiores exatamente no mesmo sentido. Essa univocidade por excesso, isto é, essa hiperimanência indica uma distinção existencial entre Deus e as criaturas. O ser é, assim, dotado de autossuficiência absoluta, não podendo não existir.

Balthasar aduz, em abono de sua assertiva, à qual aliás não falta a originalidade de aproximar Lavelle de Santo Tomás, textos significativos de que destacarei o principal: *Esse autem est illud quod est magis intimum cuilibet et quod profundius omnibus inest, cum sit formale respectu omnium quae in re sunt; unde oportet quod Deus sit in omnibus rebus, et intime.*[61]

A univocidade lavelliana exprime uma atribuição de segunda intenção, atribuição de uma unidade existencial, ou melhor, in-sistencial a uma pluralidade. Resumindo, diríamos que a univocidade existe do ponto de vista do divino e a analogia do ponto de vista das criaturas.[62] Univocidade quer dizer, pois, onipresença total.

Em carta a Balthasar, Lavelle esclarece que o emprego do termo univocidade não vem contradizer a analogia. Deve-se ao seu combate ao fenomenismo. "Minha posição é a seguinte", explica Lavelle, "que todos os seres podem diferir enquanto seres individuais. Seu ser próprio reside, no entanto, numa mesma dependência em face do ser absoluto, que é o único capaz de sustentá-los na totalidade do ser. Mas é essa dependência que explica sua diferença individual, desde que não posso receber de Deus um ser que me é próprio, senão na medida em que Ele funda também minha própria independência, isto é, o poder de completar, eu mesmo, o ato que me faz existir".[63]

---

[61] Santo Tomás de Aquino, *Summa Theologica*, I, q. 8, art. 1 (cf. Balthasar, op. cit., p. 429).

[62] Esse parecer encontra guarida na interpretação de Armando Rigobello, "recensão do *Traité des Valeurs*". *Giornale di Metafisica*, n. 4, 1952, p. 501-10.

[63] Louis Lavelle, carta a Balthasar, de 17 de dezembro de 1950. *Giornale di Metafisica*, n. 4, 1952, p. 433.

A analogia supõe a univocidade porque nela se funde. A diversidade analógica dos seres exige como pressuposto uma unidade primitiva, isto é, uma unidade que não é senão a própria universalidade do ser. Obtempera, então, Balthasar que *a totalista entis* não se encontra senão em Deus, ser puro, mistério criador, essência de ser puro, agir puro, ato puro e, portanto, natureza de forma alguma específica, mas *univocidade criadora* (o grifo é nosso).[64]

A tese da univocidade do ser, pelo fato de ser apresentada como premissa do panteísmo, suscita sempre anátemas por vezes injustificáveis. No caso de Lavelle, por exemplo, impõe-se o maior cuidado para não incidir no erro de se ater demasiadamente às fórmulas e aos termos, relegando ao ostracismo o conteúdo que por detrás deles se esconde.[65]

Parece-nos ser esse o pecado de Sciacca, que nem sempre soube perceber o espírito da metafísica lavelliana, recorrendo por vezes à suspeita de panteísmo, por jungir-se excessivamente à concepção clássica do problema do ser.

A univocidade lavelliana baseia-se, antes de tudo, na unidade do ser quando é outra coisa senão a unidade do Ato.[66] "A univocidade do ser não é (...) nada mais do que a sequência da simplicidade perfeita do ato que o faz ser."[67] A univocidade

---

[64] N. J. J. Balthasar, "L'Univocité non Immanente de l'Être Total". *Giornale di Metafisica*, n. 4, 1952, p. 439.

[65] Balthasar porém não hesita em afirmar que: "(...) l'univocité existentiel, ou plutôt insistentielle (...) nous parait devoir demeurer pour Lavelle un titre glorieux à la reconnaissance des métaphisiciens de l'aveir. Un certain temps sera requis, sans doute, pour que l'on puisse s'y acclimater". Op. cit., p. 448.

[66] Louis Lavelle, *De l'Acte*, p. 78 e ss.

[67] Ibidem, p. 79. A tese da univocidade não destrói a distância que separa o Ser dos seres. "Il n'y a en Dieu de ce que nous voyons en nous; mais il n'y a rien en nous qui pourtant ne consiste dans une certaine activité qui vient de lui dont il ne nous a laissé que la disposition". "La mia Prospettiva Filosofica", p. 140. Adiante: "On comprend dès lors la connexion rigoureuse et pourtant la distance infinie qui sépare l'acte créateur de cet acte dérivé par lequel il nous est permis de nous créer nous-même ce que nous sommes", ibidem, p. 141. A acusação de panteísmo endereçada ao lavellismo é destituída de significado e atestado de que não se compreendeu que o ser, ao mesmo tempo que é o todo de que tudo depende, é ato, isto é, fecundidade, eficácia criadora (vide 2ª parte

lavelliana integra uma metafísica realista que constitui uma nova senda do pensamento filosófico. Engastada numa metafísica da intimidade espiritual, a univocidade traduz a possibilidade para a minha subjetividade de penetrar numa subjetividade absoluta. Em outras palavras, há uma intersubjetividade que supõe uma transubjetividade, sem a qual arriscamo-nos a perder o sentido da objetividade.

Nota complementar – A conciliação da analogia com a univocidade tem sido objeto de vivas controvérsias. P. Miguel Ângelo, em sua obra *Ossuma et Duns Scot*, EF, 23, 1910,

---

da tese). Irinée Chevalier, O. P., com rara felicidade, mostra o perigo da acusação em questão: "Lorsque Saint Thomas d'Aquin et ses disciples écrivent que Dieu est éminemment et virtuellement tout être on les accuse – ce fut le cas de Renouvier – de panthéisme et de monisme. M. Lavelle qui a rédecourvert en tâtonnant la vue métaphysique du monde la plus profonde s'est attiré on ne saurait s'en étonner, le même reproche immérité". "Aperçu sur la Philosophie de M. Lavelle". *Revue Thomiste*, 1939, p. 523. Étienne Borne faz a mesma advertência: "L'accusation de phathéisme a été maniée avec tellement de lourdeur et d'inintelligence au cours de l'histoire de la philosophie qu'il convient ici de préciser avec soin les raisons de notre inquiétude. Que de mystiques authentiques qui affirmaient avec une énergie légitime l'immanence de Dieu au monde, que de philosophes qui critiquaient justement les façons naives d'imaginer la transcendance ont été accusés ou soupçonnés de panthéisme! Si M. Lavelle donne dans le panthéisme, ce panthéisme n'est certes pas ce panthéisme lyrique et romantique qui fait de la pensée humaine une partie de l'âme du monde ou ce panthéisme biologique qui considère l'être humain comme une parcelle de l'élan vital. M. Lavelle ne dissout la personnalité ni dans la nature, ni dans la vie. Il repousse également cette forme de panthéisme qui réaliserait tout le devenir du monde dans l'immobilité de la Substance, comme dans un livre où tout serait écrit d'avance, si bien que l'histoire, le progrès, les créations individuelles ne posséderaient qu'une apparence de nouveauté. Le moi n'est pas tout fait d'avance, il se constitue lui-même; le temps lui est offert comme la matière et la carrière de sa destinée. Et Dieu lui-même est acte, non pas donnée, c'est-à-dire que, tout em restant rigoureusement identique à lui-même, il est surabondance et générosité". Cf. "De la Métaphisique de l'Être à une Morale du Consentiment". *La Vie Intellectuelle*, 1936, p. 465-66. Gabriel Marcel: "Contrairement à ce qu'aurait pu donner à supposer une lecture superficielle de certains écrits antérieurs de M. Lavelle, cette philosophie, qui est avant tout une métaphysique de l'amour, n'est en aucune façon un panthéisme". Cf. "recensão do *De l'Acte*". *La Nouvelle Revue Française*, 1938, p. 317. Alphonse De Waellens: "Une oeuvre aussi considérable ne peut manquer de susciter les objections les plus diverses. La plupart de celles que nous avons rencontrées procèdent, comme il est fréquent, d'interprétations erronées. Ainsi notamment, en est-il de l'accusation de panthéisme qui parait injustifiée". Cf. "Une Philosophie de la Participation. L'Actualisme de M. Louis Lavelle". *Revue Néoscolastique de Philosophie*, maio, 1939, p. 227-28.

p. 432 (cf. Béraud de Saint-Maurice, *João Duns Scot, Doutor dos Tempos Modernos*, p. 168), assevera que "a univocidade supõe um fundo comum sobre o qual Deus e tudo o que não é Deus podem encontrar-se, e esse encontro se faz no terreno do ser". P. Belmont, em *Pour l'Être Transcendental*, EF, 41, 1932, p. 348 (id., 170) diz no mesmo sentido: "Todos os seres tem isto de comum: *existirem* (atributo unívoco); mas diferem (analogia) uns dos outros por serem múltiplas e variadas as essências". Corroborando a mesma ideia, o autor da obra conclui em termos incisivos: "A analogia responde à pergunta: 'Quid sit ens?' Ao passo que a univocidade se propõe assim: 'An sit ens?'. A univocidade deve, pois, *preceder* toda analogia" (o grifo é nosso).

Permitimo-nos mencionar ainda a comunicação ao XI Congresso Internacional de Filosofia, realizado em Bruxelas em 1953, proposta pelo P. Effrem Bettoni, O. F. M., da Universidade Católica de Milão, subordinada no sugestivo título "Analogia e Univocitá sono Inconciliabili?" (Actes du XIe. Congrès International de Philosophie", vol. III, p. 121-23). Argui o autor que "(...) le due teorie non sono opposte, ma complementari nel senso che l'una e l'altra rispondo a due preoccupazione di sottolineare la radicale diversitá dell'essere divino da quello mondano; quella dell'univocitá alla preoccupazione di garantire um minimo di oggettivitá positiva ai nostri discorsi intorno alle cose divine". E conclui: "il concetto di 'ens' dunque è univoco, solo come possibilitá di tutti i concetti, mentre diventa analogo nell'atto stesso che si predica di qualche cosa: univoco, direi, 'in actu primo', analogo, 'in actu exercito'".

2. A DESCOBERTA DO EU NO ABSOLUTO DO SER

1. A Experiência Fundamental

O ser lavelliano não é um conteúdo vazio, menos ainda algo inacessível. É objeto de uma experiência primitiva e permanente,[1] que é a descoberta do eu no ser, mesmo porque só descobrimos o ser na medida em que descobrimos nossa presença no ser.[2] Toda a filosofia lavelliana depende dessa experiência fundamental.[3]

---

[1] Louis Lavelle, *De l'Être*, p. 249.

[2] Idem, p. 211: "(...) découvrir l'existence du moi, c'est non pas découvrir la présence de l'être à l'intérieur du moi, mais la présence du moi à l'intérieur de l'être". "Le mystère de l'Être ne fait qu'un avec le mystère de notre être propre: et celui-ci ne peut être percé que lorsque la pensée devient assez lucide et assez aigüe pour atteindre notre point d'attache avec l'Absolu, c'est-à-dire ce point d'intérêt suprême où nous voulons ce que nous sommes d'une volonté éternelle qui éclaire chacun de nos actes particuliers, et à laquelle nous sommes prêts à faire avec joie tous les sacrifices". Louis Lavelle, "Être et Acte". *Revue de Métaphysique et de Morale*, 1936, p. 190.

[3] "Diese Teilhabe am Sein ist fuer Lavelle", escreve J. Hanslmeier, "eine Urerfahrung, an deren Richtigkeit und Unmittelbarkeit er keinen Augenblick zweifelt". "Philosophie de l'Esprit von Louis Lavelle und René Le Senne". *Philosophisches Jahrbuch*, 1953, n. 2, p. 309. Expendem a mesma ideia: Diamantino Martins, "Louis Lavelle". *Revista Portuguesa de Filosofia*, 1952, I, p. 53. Gaston Berger: "Elle [o pensamento de L.] creusait autour d'un point central, faisant apparaître dans une lumière de plus en plus nette la signification d'une découverte initiale". "Louis Lavelle", *Les Études Philosophiques*, 1951, p. 123-124.

Bernard Delfgaauw compara isso, que constitui a grande descoberta da vida de Lavelle – o caráter absoluto do ser –, à iluminação de Descartes.[4]

"A experiência primitiva que tenho de mim mesmo", diz Lavelle, "me enraíza no Absoluto e a metafísica não é senão o desenvolvimento dessa experiência".[5]

O recolhimento da presença do ser implica, outrossim, o reconhecimento da participação do eu no ser.[6] Dificilmente, poderíamos exagerar a importância do tema no contexto da filosofia de Lavelle. Aliás, o próprio filósofo a estabelece ao declarar: "Quando dizemos que o ser está presente no eu e que o eu participa do ser, estamos enunciando o único tema de toda meditação humana".[7] É preciso, contudo, considerar que a descoberta da presença do ser é objeto não de um conhecimento mediato, mas de uma intuição,[8] mesmo porque Lavelle supera a rigidez de um racionalismo abstrato, preferindo estruturar a metafísica a partir do inteligível vivido.[9]

Em que consiste essa descoberta do eu e qual o sentido transcendente de que se reveste? Lavelle responde: "A descoberta de si mesmo e, de fato, a extraordinária descoberta de um ser que participa do ser do todo, mas de tal maneira que esse ser ele o é em lugar de vê-lo, que falando dele, pode dizer eu, ou mim, que fica encarregado dele, e que, em vez de o olhar

---

Michele Jurino: "L′esigenza dell'assoluto è fondamentale nella filosofia lavelliana". "La Filosofia di Louis Lavelle". *Rivista di Filosofia Neo-Scolastica*, 1949, fasc. IV, p. 446. J. Chaix-Ruy, "L'Expérience Ontique de Louis Lavelle". *Giornale di Metafisica*, 1952, n. 4, p. 461. O próprio Lavelle declara: "Le retour à une philosophie de l'Absolu est pour nous la condition du sérieux de la pensée et de la profondeur de la vie". "Être et Acte". *Revue de Métaphysique et de Morale*, 1936, p. 192.

[4] B. Delfgaauw, *Het Spiritualistich Existentialisme van Louis Lavelle*, p. 4.

[5] Louis Lavelle, *Du Temps et de l'Éternité*, p. 18.

[6] Idem, *La Présence Totale*, p. 25.

[7] Ibidem, p. 31.

[8] Ibidem. Louis Lavelle, *De L'Être*, p. 43, *La Dialectique du Monde Sensible*, p. 3.

[9] Nicolas Balthasar, "L'Univocité non Immanente de l'Être Total". *Giornale di Metafisica*, 1952, n. 4, p. 449.

por fora, ele o faz ser de dentro".[10] É por isso que não atingimos o ser senão por dentro no ser que somos.[11]

Essa filosofia da intimidade espiritual ou essa modalidade de ontologismo[12] se justifica pela razão de que o eu não é uma coisa feita, mas uma realidade prenhe de possibilidades indefinidas no plano da ação, de tal sorte que o ser nos é dado para lhe darmos consistência. O eu está em perpétuo *fieri* de tal modo que jamais podemos conhecer o nosso valor. Isso é tão verdadeiro que só a morte pode dar ao homem a capacidade de contemplar em si mesmo sua própria obra, desde que ele a cumpriu.[13]

A obra de Lavelle está atravessada por influências as mais diversas que o filósofo incorporou, dando-lhes uma feição unitária. Conforme já tivemos ocasião de ressaltar, Kant presidiu à sua primeira formação, mas a superação do criticismo transcendental fez de Lavelle um arguto demolidor do solitário de Koenigsberg.

Quer-nos parecer que, ao estabelecer a experiência da presença do eu no ser reconhecendo-lhe um caráter metafísico, Lavelle destrói a tese da inacessibilidade do noumeno. É "a descoberta do absoluto de nós mesmos, que é um absoluto vivo e não é fenômeno de nada".[14] Em sua obra *Le Moi et Son Destin*, repete o mesmo argumento: "O eu não

---

[10] Louis Lavelle, "Témoignage". *Les Études Philosophiques*, 1951, n. 2-3, p. 129.

[11] Ibidem, p. 131-32. Louis Lavelle, *La Présence Totale*, p. 46: "L'être se découvre d'abord au moi qui, se découvrant lui-même, doit nécessairement s'inscrire dans l'être".

[12] Dizemos uma modalidade de ontologismo porque não participamos do pensamento de Stefanini ("Esistenzialismo Ateo ed Esistenzialismo Teistico", p. 275) e de Ceriani (*Rivista de Filosofia Neo-Scolastica*, 1935, p. 182-84), que veem no lavellismo uma forma de ontologismo clássico. Acreditamos que essa acusação resulte da confusão existente entre os planos gnoseológico e ontológico. Assim, Grasso, por exemplo, pergunta a Lavelle se se trata de uma forma de conhecimento ou de uma prioridade de ser (*Lavelle*, p. 153). Ora, sabemos que Lavelle supriu o problema gnoseológico quando firmou a primazia do ser em relação ao conhecer. Acreditamos, desse modo, que Lavelle defende o sentimento de uma presença. Assim, *De l'Être*, p. 43, e *La Présence Totale*, p. 42.

[13] Louis Lavelle, *O Erro de Narciso*, p. 42.

[14] Idem, "Leçon Inaugurale Faite au Collège de France le 2 Décembre 1941", p. 34. Louis Lavelle, "La mia Prospettiva Filosofica", p. 131.

é fenômeno de nada. A consciência de si é nossa primeira experiência metafísica".[15]

A metafísica lavelliana estabelece, pois, um primeiro momento que traduz, na singeleza e na profundidade de seu significado, a descoberta do eu como consciência e como ato.[16] Destarte, para o eu não há diferença entre conhecer e realizar-se.[17]

Mas a consciência é interior ao ser e não inversamente, visto que o ser de forma alguma pode ser considerado como um modo de pensamento, já que o próprio pensamento deve ser definido em primeiro lugar como um modo de ser. Imagina-se, frequentemente, que o pensamento, ao se pôr, põe o caráter subjetivo de tudo o que pode ser. No entanto, para se pôr é preciso que ele ponha antes sua existência, isto é, a objetividade de sua própria subjetividade.[18] O ser está sempre presente inteiramente,[19] e o eu, encontrando sua gênese na interioridade do ser, cada vez que se tornar mais interior a si mesmo encontrará, na solidão do próprio eu, um contato mais íntimo com o absoluto. Porque se Deus é a própria solidão infinita, nós só o alcançaremos vivendo na intimidade do nosso eu, a solidão do nosso ser, como expressão definitiva de todas as nossas possibilidades de um vir a ser contínuo no plano da realização a exprimir a infinidade da potência de Deus.[20]

Imediatamente, percebe-se que, para Lavelle, absoluto é sinônimo de interior.[21] O ser total tem como caráter essencial o fato de ser em si e de poder ser definido como intimidade

---

[15] Louis Lavelle, *Le Moi et Son Destin*, p. 26.

[16] Idem, "Les Trois Moments de la Métaphysique". *L'Activité Philosophique Contemporaine en France et aux États-Unis*, II, p. 133.

[17] Idem, *La Conscience de Soi*, p. XV.

[18] Idem, *La Présence Totale*, p. 40-41.

[19] Ibidem, p. 36.

[20] Ibidem, p. 32, *La Conscience de Soi*, p. 187, e *De l'Âme Humaine*, p. 89.

[21] Louis Lavelle, "Les Trois Moments de la Métaphysique". *L'Activité Philosophique Contemporaine en France et aux États-Unis*, II, p. 135.

pura.²² Isso porque não há senão o todo, que pode ser uma subjetividade absoluta.²³

Por conseguinte, metafísica é o aprofundamento da subjetividade, o ser verdadeiro é sempre subjetivo em si, como em nós.²⁴

Vê-se então que o real é feito de duas subjetividades entremeadas de uma objetividade, pois Deus é o "Soi Pur", a "Ipseité", isto é, a intimidade pura, o eu é subjetivo não apenas enquanto capaz de conhecer, mas na medida em que a descoberta do ser lhe permite vislumbrar a perspectiva de sua própria espiritualidade. O objetivo é o mundo considerado como realidade opaca, vivificada pelo espírito que lhe empresta verdadeiro teor ontológico.²⁵

Os lineamentos gerais da metafísica lavelliana, no que diz respeito às categorias primeiras da ontologia, podem ser resumidos em torno de três conceitos: Ser, existência e realidade.

O Ser é a fonte de todos os modos possíveis de participação. A existência é o ato de participação ao ser, enquanto se efetua num ser capaz de dizer eu e a realidade é ser ainda, enquanto, inteiramente presente ao eu, no entanto o ultrapassa apresentando-se sob a forma de um ser dado.²⁶

O Ser é Deus, a existência é o eu, a realidade é o mundo.²⁷

O ser que existe em si é a ordem de todas as relações, sem ser ele próprio uma relação.²⁸ O ser é, pois, um infinito de possibilidades. É por isso que o ser total, soberanamente imparcial e

---

[22] Idem, *De l'Acte*, p. 127.

[23] Ibidem, p. 129.

[24] Ibidem, p. 130.

[25] Louis Lavelle, "Les Trois Moments de la Métaphysique", em *L'Activité Philosophique Contemporaine en France et aux États-Unis*, II, p. 142.

[26] Idem, *Introduction à l'Ontologie*, p. VII.

[27] Ibidem, p. 54. Mlle. Roure vê, nessa tríade, a renovação das três formas do ser de Rosmini, bem como das três potências do ser de Lachelier. *Univocité et Analogie de l'Être chez Rosmini et Lavelle*, p. 3.

[28] Louis Lavelle, *Introduction à l'Ontologie*, p. 19.

fecundo, sem se deixar dominar por nenhuma cumplicidade, fornece igualmente a todos, ao animal e ao homem, à alma e ao corpo, os meios de realizar seu destino.[29]

Essas considerações iluminam particularmente a tese da univocidade, pois os seres não existem senão enquanto inscritos no todo. E como o ser é espírito, tudo é espírito. Isso não indica, porém, que Lavelle negue a realidade material. Com efeito, se o ser é espírito e o absoluto de nós mesmos é a subjetividade, o próprio mundo material é enriquecido em seu significado porque constitui o lugar onde não cessa de se produzir a conversão de minha possibilidade espiritual em minha existência espiritual. O mundo é o lugar onde o espírito se realiza.[30]

Por isso mesmo, a consciência que representa o conhecimento da responsabilidade do próprio destino é a fonte de todos os valores. Quando não se assume a posição no universo através de um ato essencial de liberdade, tudo perde o sentido e o pessimismo sela o desespero de nosso espírito. Todavia, no momento em que assumimos pelo espírito a vida que nos é própria, até o mundo material se ilumina, adquirindo uma consistência, um relevo antes inexistente.

Sem dúvida, a matéria já tem realidade pelo fato de ser objeto de alguma consciência. Mas se for a minha consciência a integrá-la numa experiência que me é própria e intransferível, ela adquirirá uma transparência antes insuspeitada.

No fundo, o que se depreende é que possuímos uma experiência do absoluto sem a qual não podemos nem mesmo nos conhecer. Esse absoluto se revela a nós porque só n'Ele vemos a nossa existência através de uma participação no Ser. Essa participação é a experiência da presença do ser em nós e se explica pelo vazio que em nós existe e que só Deus pode preencher.

---

[29] Idem, *De l'Être*, p. 89.

[30] Idem, "Les Trois Moments de la Métaphysique". *L'Activité Philosophique Contemporaine en France et aux États-Unis*, II, p. 146.

A unidade do ser não exclui, antes, exige, a multiplicidade, pois a multiplicidade é uma manifestação da unidade.[31] Para se entender essa tese é preciso identificar a univocidade e a universalidade, o que só será possível através de uma lógica interna do ser que nos deve conduzir à relação concreta entre suas partes.

A unidade do ser é a sua infinidade, a um tempo intensiva e extensiva. No primeiro caso, o ser é um indivíduo dotado de perfeita simplicidade feita de plenitude. No segundo caso, a exuberância ontológica explica a multiplicidade pela qual os seres infinitos em extensão recebem o seu ser do Ser. Daí a universalidade do ser não constituir um conceito universal, mas um indivíduo-universo.

Como o ser pertence primitivamente ao todo, vê-se que não há outro ser senão o ser do todo, porque atribuir o ser à parte é inscrevê-la no todo. Mas esse todo, que não é absolutamente a soma das partes, é o princípio em que elas se fundamentam. Percebe-se, então, que o todo é anterior às partes e as engendra, porquanto ele é a unidade do real. Assim, "o todo é uno antes de ser todo".[32]

Não devemos, aliás, iludir-nos quanto ao significado do termo parte. A parte não é um elemento do todo, mas é dele uma expressão. Se a parte é expressão do todo, não se pode negar que seja uma manifestação do todo e, portanto, um fenômeno. Como fenômeno a parte exige uma consciência, pois "é impossível supor um fenômeno sem supor ao mesmo tempo uma consciência, e mesmo uma consciência finita na qual ele aparece".[33] Compete, pois, à consciência realizar o fenômeno que, por si, não tem existência no todo senão como possibilidade. Por conseguinte, por detrás de cada fenômeno encontra-se o Ser, o ser total.[34]

---

[31] O problema da multiplicidade será mais bem explicado na segunda parte.
[32] Louis Lavelle, *De l'Être*, p. 166.
[33] Ibidem, p. 173.
[34] Ibidem, p. 180.

A univocidade, mais uma vez, constituirá a pedra de toque que permitirá ao ser do eu penetrar no ser do todo.[35] O eu, porém, embora seja parte do todo, não é um objeto entre objetos, mas algo que se renova, que se cria continuamente ao participar de um todo que o gera ontologicamente.

2. O Cogito

Eis o momento de nos defrontarmos com a interpretação lavelliana do cogito cartesiano. Lavelle considera que a filosofia francesa é, por excelência, a filosofia da consciência.[36] Descartes insere-se nessa tradição e nela se integra a tal ponto que não há pensador francês que não se reconheça dele tributário.[37]

Se a existência surge do todo do ser, isto é, se ela é uma entidade oriunda de uma outra que a explica, sua realidade é uma possibilidade que o eu assume. A existência é, pois, uma captação do ser que me pertence porque eu o construo através dos atos constitutivos daquilo que me faz um ser de exceção.

O cogito cartesiano significa, nesse caso, a "inscrição imediata e necessária no interior do ser concreto".[38] Daí a existência ser a descoberta do sujeito por ele mesmo.[39] Assim, "o eu enraiza-se no *soi* e faz do *soi* do ser a substância de seu próprio eu".[40] Portanto, o eu não se define senão como o poder de se realizar como existência.[41]

Todos os textos anteriores concluem pela inexistência, em Descartes, de qualquer nódoa de idealismo. "O pensamento", insiste Lavelle, "é um meio de o eu reconhecer sua inserção

---

[35] Ibidem, p. 196.
[36] Louis Lavelle, *La Philosophie Française entre les Deux Guerres*, p. 7.
[37] Ibidem.
[38] Louis Lavelle, *De l'Être*, p. 198.
[39] Idem, *Introduction à l'Ontologie*, p. 26.
[40] Ibidem, p. 27.
[41] Ibidem, p. 33.

no ser, antes de um meio de engendrar o ser que esse pensamento aliás supõe".⁴² Foi uma ilusão que permitiu a asseveração de que o argumento cartesiano é o fundamento do idealismo, quando o pensamento tem aqui o cunho de determinação da existência.⁴³

Se a descoberta pela alma de sua própria intimidade é constitutiva dela, há outra descoberta que a precede, a da subjetividade, anterior à minha subjetividade. Esta não é instantânea e primitiva, mas aprofunda-se através de nossa existência.⁴⁴

O cogito cartesiano não traduz, de forma alguma, a passagem de um pensamento imanente a uma existência transcendente. Trata-se de mostrar que não há acesso ao ser senão pela interioridade, sendo ela o absoluto do ser.

Lavelle não teme afirmar que "a primazia do cogito exprime o caráter mais profundo de toda filosofia que, em lugar de se constituir como um sistema objetivo, exprime essa inserção do eu no ser que a transforma indivisivelmente numa ciência e numa sabedoria".⁴⁵

Mas o eu que assumo não tem sentido em si porque sua realidade é, por assim dizer, derivada do próprio ser. Completando o significado ontológico da existência, Lavelle enaltece o papel da comunicação das consciências como indispensável ao desabrochar da própria existência.⁴⁶

O cogito dá-nos sempre a ideia de um argumento exclusivamente crítico, destituído de significação ontológica. Convém, porém, reconhecer que a dúvida que o precede

---

⁴² Louis Lavelle, *La Présence Totale*, p. 43.

⁴³ Ibidem, p. 65-69. Louis Lavelle, *De l'Être*, p. 198-200.

⁴⁴ Louis Lavelle, *De l'Âme Humaine*, p. 89-112. Louis Lavelle: "La révélation de l'Être commence avec la vie; elle ne cesse de se renouveler, de se diversifier et de s'approfondir". "Être et Acte". *Revue de Métaphysique et de Morale*, 1986, p. 196.

⁴⁵ Louis Lavelle, *De l'Âme Humaine*, p. 91.

⁴⁶ Importante tese que constitui verdadeiro *leitmotiv* da filosofia de Lavelle. Vide particularmente *O Erro de Narciso* e *La Conscience de Soi*. Vide, ainda, Régis Jolivet, *Essai Sur le Problème et les Conditions de la Sincérité*, livro que, segundo o próprio autor nos diz em carta, é "très lavellien".

tem caráter voluntário, constituindo não apenas uma interrogação sobre o conhecimento, mas ainda uma interrogação sobre a existência.[47]

Há outro perigo a evitar na análise do cogito e que consiste em estabelecer a relação entre meu pensamento e o pensamento universal. Pretende-se que o pensamento universal é um pensamento geral, um pensamento abstrato que assumiria uma forma concreta no pensamento de cada eu particular e de todos. Todavia, esse pensamento universal não é um pensamento geral ao qual o eu particular viria ajuntar a existência. Muito pelo contrário, o pensamento que se realiza no eu particular é o pensamento universal no qual o eu penetra, embora de maneira parcial, jamais conseguindo sequer igualá-lo.[48]

A presença do *ergo* no cogito cartesiano tem sido objeto de diversas reflexões especialmente voltadas ao problema de se determinar a natureza dessa operação intelectual à qual seu autor atribuiu um caráter privilegiado.[49] Lavelle é de opinião que o fato de se concluir a existência do pensamento implica o reconhecimento da objetividade de minha própria subjetividade. O curioso, porém, é que uma experiência tão pessoal como essa apresenta, paradoxalmente, caráter universal. É como se o cogito fosse não apenas uma experiência do eu, mas um convite aberto a outros eus que veriam na forma lógica do cogito o sinal de sua validez universal. Daí a conclusão de que "o cogito é uma intuição, mas sempre apta a se desenvolver sob a forma de um raciocínio".[50]

A Descartes cabe, pois, a glória imperecível de "nos ter introduzido na intimidade do ser pelo caminho da intimidade pessoal, de tal modo que o *ergo* do *cogito* nada mais exprime

---

[47] Louis Lavelle, *De l'Âme Humaine*, p. 92.

[48] Ibidem, p. 94.

[49] Vide, a propósito das diversas interpretações do cogito, o nosso trabalho "O Valor Epistemológico do Cogito Cartesiano". *Letras e Artes*, 12 de fevereiro de 1950.

[50] Louis Lavelle, *De l'Âme Humaine*, p. 97.

que a necessidade em que nos encontramos de considerar como universal e ontologicamente válida uma experiência de que se poderia temer inicialmente não tivesse senão um valor subjetivo e individual".[51]

Pensamento e existência são os termos em torno dos quais gravita todo o cogito cartesiano. Entretanto, oscilamos entre ambos, sem que jamais alcancemos um ou outro em seu estado de pureza. Daí o cogito constituir "a afirmação de uma existência virtual cuja essência consiste em se atualizar".[52] Lavelle exprime, de forma lapidar, a riqueza do *ergo* dizendo "pensa para existir".[53] Trata-se de estabelecer a distinção profunda entre a existência e a coisa. A existência traduz o vir a ser contínuo tecido na trama cotidiana do nosso agir. Não se deve compreendê-la como algo fixo, definitivo, porquanto nada caracteriza melhor a existência do que a possibilidade ilimitada de aperfeiçoamento. Talvez nos fosse dado aventurar uma definição lavelliana de existência, segundo a qual ela seria o ser que a minha liberdade constrói através de uma adesão sempre renovada a um ser que me explica e para o qual tendo na medida em que a minha interioridade o chama, isto é, enquanto o autoaprofundamento é o único caminho para atingir a Intimidade Pura.

3. O Argumento Ontológico

Compete-nos agora examinar a relação entre cogito e prova ontológica. O argumento ontológico é mais uma *vexata quaestio* que Lavelle pretende repensar em termos adequados à mentalidade filosófica do nosso século. Mais uma vez, observa-se o quanto sua obra atesta um profundo conhecimento dos sistemas filosóficos, quer antigos, quer modernos.

---

[51] Ibidem, p. 98.
[52] Ibidem, p. 100.
[53] Ibidem.

Por vezes, Lavelle se nos afigura um pensador medieval e já se denominou a uma de suas obras – *De l'Acte* – uma nova *Summa*.[54] É bem de ver, porém, que os filósofos desfilam nas páginas de Lavelle como simples sugestões para as suas reflexões originais.[55] É precisamente esse caráter polimórfico das doutrinas lavellianas, sem que as possamos acusar de ecléticas,[56] o que permite ao filósofo falar a linguagem de nosso tempo, não descurando o que há de autêntico no patrimônio do passado. É a encruzilhada em que se encontram os problemas da metafísica clássica e as exigências do homem moderno, dominado pela angústia e pelo desespero.

Lavelle revolveu temas tradicionais, colocando-os face a face com a problemática do existencialismo, disso resultando uma síntese original banhada de uma luz radiosa de otimismo cristão, capaz de superar as categorias deprimentes da filosofia contemporânea.

O argumento ontológico tem íntima correlação com o cogito, porque este descobre a minha própria existência no ato pelo qual eu me dou à existência. Portanto, é o ser do eu enquanto reside no ato mesmo do meu pensamento, e não uma ideia de eu a fundamentar um idealismo subjetivo, o que traduz claramente o sentido do cogito cartesiano. No que tange, porém, ao argumento ontológico, diz Lavelle que sua *vis probandi* reside no fato de que "a infinidade e a perfeição da ideia não têm sentido senão como uma perfeição e uma infinidade em ato".[57] "É que a ideia de infinito era já o cogito infinito em

---

[54] Pier Giovanni Grasso, "Lavelle", p. 15.

[55] Em *Le Moi et Son Destin* lê-se: "(...) nous ne cherchons ce que les autres ont pensé qu'afin de savoir ce que nous devons penser nous-même. L'intérêt psychologique ou historique que nous portons à une doctrine est toujours surpassé par l'intérêt que nous portons à la vérité: chaque doctrine est pour notre esprit une excitation, un exemple et une épreuve", p. 8.

[56] James Collins defende Lavelle da acusação de ecletismo: "Yet in one importat respect his method differs from that of outright ecleticism: there is a continuous effort at clarifying concepts and connecting previous opinions in the light of a definite theory of being". "Louis Lavelle – On Human Participation". *The Philosophical Review*, março, 1947, p. 159.

[57] Louis Lavelle, *De l'Âme Humaine*, p. 101.

ato, de que é necessário pôr não apenas a possibilidade, mas a existência para sustentar em mim a passagem, no ato do pensamento, da possibilidade à existência".[58]

As considerações anteriores, vinculando o argumento ontológico ao cogito, acabam por concluir que o argumento ontológico é o verdadeiro cogito divino. Lavelle claramente o afirma: "O argumento ontológico é o cogito, se se pode dizer, na esfera de Deus".[59] Em outras palavras, se é lícita a passagem do pensamento à existência do eu, com muito mais razão o será quando se tratar de Deus. Estamos em face de um argumento *a fortiori*. Eis o sentido da fórmula cartesiana: penso, logo Deus existe.

Esse argumento será mais bem compreendido se nos reportarmos ao tema lavelliano da adequação do ser e da ideia de ser. Inquestionavelmente, há uma desproporção entre a ideia e a coisa. As ideias gerais, por assim dizer, apresentam excesso de potência que lhes permite transbordar de seu objeto. No entanto, encontramos uma ideia – a ideia de ser – que tem um valor absoluto e é a única necessariamente adequada ao seu objeto.[60]

"Não há nada no ser que a ideia de ser não contenha, nem nada na ideia do ser que o ser não englobe", assevera Lavelle.[61] Por essa razão, o argumento ontológico atesta uma aguda consciência da identidade do ser e de sua ideia.[62] É através do argumento ontológico, pois, que se compreende melhor a identidade da ideia como a potência infinita da afirmação.[63]

***

---

[58] Ibidem, p. 102.

[59] Ibidem, p. 231.

[60] Louis Lavelle, *De l'Être*, p. 222. Luigi Stefanini, *Esistenzialismo Ateo ed Esistenzialismo Teístico*, p. 271.

[61] Louis Lavelle, *De l'Être*, p. 223.

[62] Ibidem, p. 231. Referindo-se à estrutura do *De l'Être*, diz Nobile: "Tutte argomentazioni precedenti sono fondate sulla fede nella coincidenza dell'idea dell'Essere con l'Essere; chè se tale coincidenza fosse un'illusione, ogni tentativo di comprendere la realtà sarebbe vano". *La Filosofia di Louis Lavelle*, p. 87-88.

[63] Louis Lavelle, *Introduction à l'Ontologie*, p. 21.

Os desenvolvimentos precedentes patentearam a afirmação inicial de nossa tese de que a filosofia de Lavelle é, antes de tudo, uma filosofia do ser. Esse ser, porém, não se imobiliza num conceito abstrato. Define-se mesmo como o Ato de que dependem os atos particulares que somos nós. O lavellismo inaugura, destarte, uma metafísica dinâmica em oposição a todas as formas de logificação do ser.

PARTE II

O ATO

1. Ser e Ato

À primeira vista, tem-se a impressão de que a segunda obra da dialética do eterno presente – *De l'Acte* – constitui uma evolução do pensamento de Lavelle. É essa, por exemplo, a opinião de Luigi Stefanini ao se referir ao *De l'Être* como "la via all'ingiù" e ao *De l'Acte* como "la via all'insù".[1] Lavelle teve conhecimento desse parecer, não lhe reconhecendo, porém, a procedência. Em conversa com Pier Giovanni Grasso, declarou que, desde *De l'Être*, já concebera todo o plano da dialética.[2]

Não se trata, pois, de uma evolução e sim da continuação de um pensamento diretor, enriquecido a cada passo com novas meditações, verdadeiros raios oriundos de um mesmo foco luminoso. "A filosofia de Lavelle", diz Delfgaauw, "mostra uma homogeneidade notável. Em sua primeira obra já se encontram os pensamentos fundamentais, aos quais ele sempre foi fiel".[3]

---

[1] Luigi Stefanini, *Esistenzialismo Ateo ed Esistenzialismo Teistico*, p. 268 e 275.

[2] Pier Giovanni Grasso, "In Memoria di Louis Lavelle". *Salesianum*, 1951, p. 550.

[3] Bernard Delfgaauw, *Het Spiritualistisch Existentialisme van Louis Lavelle*, p. 3. Gabriel Marcel, ao tratar da "monumentale et à bien des égards admirable ouvrage de M. Lavelle" (refere-se ao *De l'Acte*), reconhece, em sua filosofia, "la force et l'originalité d'une des pensées les plus cohérentes et les plus profondes de ce temps". Cf. "recensão de *De l'Acte*". *La Nouvelle Revue Française*, 1938, p. 317.

No entanto, o próprio Lavelle reconhece que no *De l'Acte* há uma dinamização do ser.⁴ Esta dinamização, porém, não é uma negação do ser, nem a rigor lhe acrescenta novos atributos. Aliás, nem se pode pensar em acréscimos ao ser, porque ele é o todo de que tudo depende. A verdade central que ressalta imediatamente de *De l'Acte* é a identidade do ser e do ato, que "é a chave da metafísica".⁵ Essa identidade já se firmara, no entanto, no *De l'Être*, de sorte a mostrar que *De l'Acte* não modificou o pensamento inicial de Lavelle, mas representou inequívoco aprofundamento. Igualmente em *La Présence Totale*, obra publicada três anos antes de *De l'Acte*, encontram-se textos nos quais se evidencia a identidade do ser e do ato. Eis o mais importante: "Ele (o ser) é, pois, se quisermos, um dado, mas que se dá a si mesmo total e mútua apresentação de si a si que não é possível senão porque *o ser é um ato*".⁶

O ato coincide, pois, com o próprio Ser considerado em sua gênese.⁷ Logo no início de *De l'Acte*, Lavelle declara incisivamente que "a metafísica repousa sobre uma experiência

---

⁴ Essa dinamização, porém, não postula um voluntarismo devorador do intelectualismo: "(...) nous réagissons (...) contre l'idée d'un dynamisme étranger à l'exercice de l'intelligence et où ne se trouvait pas déjà engagè le principe intérieur qui le justifie". *La Dialectique du Monde Sensible*, p. 35. Giovanni di Napoli emprega uma terminologia nova quando diz que há uma passagem "dalla dottrina della realtà come essere (onto-logia) alla dottrina della realtà come atto (dinami-logia)". *La Concezione Dell-Essere Nella Filosofia Contemporanea*, p. 256.

⁵ Louis Lavelle, *De l'Être*, p. 301. Essa identidade do ser e do ato soluciona o problema da univocidade, bem como o da independência das partes em relação ao Todo. Louis Lavelle, "Être et Acte", em *Revue de Métaphysique et de Morale*, 1936, p. 203: "Seule l'identité de l'Être et de l'Acte nous permet de résoudre ce problème difficile, en nous obligeant à repousser le panthéisme vers lequel on pourrait penser que nous inclinions tout d'abord: mais pour cela, il fallait nous prêter ce sentiment que l'univocité impliquait une telle homogénéité entre le Tout et les parties que ces parties elles-mêmes devaient; perdre toute indépendance et venir pour ainsi dire s'abolir dans le Tout".

⁶ Louis Lavelle, *La Présence Totale*, p. 196.

⁷ Idem, *De l'Acte*, p. 59. O estudo do problema é desenvolvido em *De l'Acte* das páginas 59 a 77. A mesma ideia volta continuamente em outras obras. Assim, por exemplo, em *Du Temps et de l'Eternité*, p. 379, e em "Epitome Metaphisicae Spiritualis", no *Giornale di Metafisica*, 1947, n. 4-5, p. 405.

privilegiada que é a do ato que me faz ser".[8] A originalidade da metafísica promana, destarte, da descrição da experiência que me constitui e que se manifesta através de uma intimidade pura.

A identidade do Ser e do Ato é, entretanto, diversa da que só se verifica entre o ser e o ato, ou melhor, entre o meu ser e o ato que me constitui. "É o privilégio do ato puro que permite que nele o ato coincida com o ser; mas o ato participado não recebe o ser senão em relação com o fenômeno."[9] Essa ideia é da maior importância para estabelecimento das relações entre o Ser e os seres e exprime a essência da participação.

A concepção dinâmica do ser que Lavelle estabelece em momento algum repudia o realismo. Há, porém, um realismo acanhado, dominado pelo preconceito de que o objeto é o ser privilegiado que deve merecer a atenção do filósofo. Todavia, "pode-se dizer que o caráter próprio da reflexão filosófica, em oposição à afirmação imediata do senso comum, consiste em operar essa conversão pela qual consideramos o espírito e não a coisa como sendo, para nós, a origem e o modelo da existência da coisa, a qual não é negada pelo espírito como o idealismo sempre se inclinou a fazer, mas, ao contrário, posta pelo espírito como um objeto que, é verdade, é seu objeto, mas que, precisamente porque não se confunde com ele, não pode ser por ele senão representado".[10]

A maior prova do preconceito focalizado anteriormente é que os homens não encontraram senão um termo negativo

---

[8] Louis Lavelle, *De l'Acte*, p. 11.

[9] Ibidem, p. 387. E. Borne: "Tout est dit dès la première phrase". "De la Métaphysique de l'Être à une Morale du Consentiment. Réflexions sur la Pensée de M. Lavelle". *La Vie Intellectuelle*, 1936, p. 448. Jean École: "La définition de l'être par l'acte fondée sur l'experience primitive de l'être sert de soubassement et de foyer central à toute la métaphysique de Louis Lavelle de telle sorte qu'on peut l'appeler indifféremment une philosophie de l'être ou une métaphysique de l'acte". "La Definition de l'Être par l'Acte, dans la Philosophie de Louis Lavelle". *Actes du XIe. Congrès International de Philosophie*, XIII, p. 205.

[10] Louis lavelle, "Existence Spirituelle et Existence Matérielle". *Atti del Congresso Internazionale di Filosofia promosso dall'Istituto di Studi Filosofici*, II (Existenzialismo), p. 297.

para exprimir a realidade do espírito – imaterial. A mentalidade coisista[11] parece dominar inteiramente o homem até o momento em que o ser espiritual volta-se sobre seu passado e então como que se esboroam em sua fugacidade os acontecimentos materiais e cedem sua obscuridade diante da luminosidade do espírito.[12]

Essa tese poderia levar-nos a lançar sobre Lavelle a imputação de idealista, pois nosso filósofo declara que as coisas materiais não têm essência.[13] A existência das coisas materiais é uma existência como aparência para uma consciência. Mas se a essência das coisas materiais é o ato mesmo que as pensa e as quer, é que sua essência é uma existência espiritual.[14] Entretanto, essa matéria, ao oferecer resistência que o nosso espírito deve vencer, possibilita a constituição do espírito por si mesmo. Daí se depreende que "a existência material ultrapassa esta existência simplesmente fenomenal à qual o idealismo pretendia reduzi-la".[15] A matéria não se apresenta, pois, na filosofia de Lavelle, como um ser a mais, algo destituído de sentido ontológico. Pelo contrário, "é pela matéria enquanto nos é dada e mesmo imposta que chegamos a ultrapassar os limites de nossa subjetividade individual, a atualizar nossa própria possibilidade, isto é, a criar nosso ser espiritual e, pela comunicação que ele obtém com tudo o que ultrapassa, a penetrar nos segredos do espírito absoluto".[16]

Em *De l'Acte* Lavelle pretende mostrar-nos que a interioridade do Ser é um ato sempre em exercício e do qual não cessamos de participar. O tema da interioridade já havia sido objeto em *De l'Être*, onde Lavelle constantemente nos adverte do perigo de julgar que a realidade se identifica com a

---

[11] Régis Jolivet, *Las Fuentes del Idealismo*, p. 22. Giovanni di Napoli, *La Concezione dell'Essere nella Filosofia Contemporanea*, p. 273.

[12] Louis Lavelle, "Existence Spirituelle et Existence Matérielle".

[13] Ibidem, p. 299.

[14] Ibidem.

[15] Ibidem, p. 298.

[16] Ibidem, p. 299.

exterioridade. Com efeito, há que distinguir entre dois mundos: da exterioridade (fenômenos) e da interioridade (Deus e eu). Essa distinção explica, aliás, o problema que atormentou Kant durante toda a vida, o de saber a razão pela qual a ciência aparenta sempre mais segurança do que a filosofia. Lavelle responde que não há superioridade da ciência e sim total disparidade de objetos, pois o que interessa fundamentalmente ao filósofo é a interioridade pura, que só atingimos através de contínua penetração em nossa própria intimidade. Isso não equivale a incidir em subjetivismo, porquanto a filosofia da subjetividade não conduz necessariamente ao subjetivismo.[17]

---

[17] Roger Troisfontaines, *Existentialisme et Pensée Chrétienne*, p. 16-19.

2. Participação e liberdade

A participação supõe um Ato puro e um ato participado. Grasso exprimiu com rara felicidade essa ideia ao aproveitar uma imagem de Lavelle referindo-se a Sartre, segundo a qual a participação lavelliana é uma elipse dinâmica com dois focos.[1]

A metafísica depende de uma experiência do ato que é a fonte suprema de toda determinação e de todo valor.[2] Esse ato, porém, não se confunde com a atividade, que é o gênero abstrato de atos particulares concretos que exprimem uma realização, enquanto o termo atividade não é senão uma possibilidade. Por outro lado, a atividade exige como condição necessária um impulso exterior a ela, ao passo que o ato é gerador de si mesmo. Finalmente, deve-se considerar que a atividade chama o seu contrário – a passividade – e o ato, por não ter contrário, não difere de outro enquanto ato, mas precisamente pela combinação de atividade e de passividade que pode reduzi-lo.[3]

Por essa razão, "o próprio do ato é de criar-se e de não ter outro fim senão ele próprio".[4]

---

[1] Pier Giovanni Grasso, *Lavelle*, p. 55.
[2] Louis Lavelle, *De l'Acte*, p. 11 e 14.
[3] Ibidem, p. 13.
[4] Ibidem, p. 16.

O ato é a mobilidade pura, o que o torna diferente do Deus dos filósofos a que se refere Bergson.⁵ A criação ganha novo significado ao se produzir sobre o caminho que separa o ato participado do ato absoluto.⁶

Inútil buscar justificação para o ato como se ele não fosse a origem de tudo o que é e criador de suas razões.⁷ Entretanto, podemos ser tentados a julgar que o ato nada tem a ver com a consciência como se ele não fosse sua essência.⁸ Lavelle volta ao tema clássico da filosofia francesa, onde se dão as mãos Descartes, Maine de Biran e tantos outros. A rigor, aliás, Lavelle os supera, pois o esforço biraniano é autonomia do eu, enquanto a experiência inicial de Lavelle exprime comunhão com o todo.⁹ Por outro lado, Maine de Biran levou "toda a sua vida filosófica para transcender o eu empírico, o que não conseguiu senão laboriosa e insuficientemente, daí ser o biranismo uma filosofia infeliz. Lavelle manifestou a força interior que o animava operando essa passagem em poucos anos, tanto que esta já estava ultrapassada quando ele começou a publicar".¹⁰ Enquanto Descartes ligou a consciência ao ser, Maine de Biran deu um passo além, propiciando a conversão da primazia do conhecimento em primazia da vontade através da correlação entre esforço e resistência.

Bem o percebeu Lavelle ao operar a conciliação do tema cartesiano da existência inserida no todo com o esforço biraniano: "(...) a atividade que eu apreendo no cogito e que parece não possuir um caráter espiritual senão porque ela é uma atividade de pensamento é em primeiro lugar uma

---

⁵ Ibidem, p. 17. Joseph de Tonquédec, *Sur la Philosophie Bergsonienne*, p. 140-54, critica severamente o Deus bergsoniano, julgando que a sua mobilidade absoluta traduz sua eterna indigência. Régis Jolivet, em seu *Traité de Philosophie*, III (*Métaphysique*), p. 132, refere-se ao tema do mobilismo bergsoniano como "une théorie de la substantialité intrinsèque du changement".

⁶ Louis Lavelle, *De l'Acte*.

⁷ Ibidem, p. 18.

⁸ Ibidem, p. 19.

⁹ Émile Brehier, *Transformation de la Philosophie Française*, p. 207.

¹⁰ René le Senne, "Louis Lavelle". *Giornale di Metafisica*, n. 4, 1952, p. 410.

atividade que se produz ela própria, isto é, que já supõe a entrada em jogo de uma vontade; e o esforço biraniano nada mais faz do que renovar o cogito cartesiano, se bem que Biran tenha atentado mais que Descartes à iluminação de nossa atividade interior, à resistência que lhe é oposta e contra a qual ela não cessa de lutar".[11]

Le Senne, com muita justeza, viu no lavellismo uma filosofia da reflexão.[12] Aliás, os intérpretes da filosofia de Lavelle sublinham invariavelmente a importância do método reflexivo de interioridade que domina toda a sua construção metafísica.[13] Em virtude disso, fácil é inferir-se o sentido do ato reflexivo, levando-se em conta que "a reflexão é a tomada de posse pela consciência da atividade que me faz ser".[14] A reflexão representa o processo dialético, graças ao qual voltamos as costas ao mundo circunjacente para remontar à fonte de

---

[11] Louis Lavelle, *De l'Âme Humaine*, p. 91. Em *De l'Acte*, p. 20, Lavelle sublinha a posição de Maine de Biran, que soube vislumbrar a realidade do ato como a verdadeira chave da metafísica: "Le moi est pour Biran identique à la volonté: et le moi se connait par ce acte même qui le fait entrer dans l'existence". Louis Lavelle, *La Philosophie Française entre les Deux Guerres*, p. 65-75. Louis Lavelle, *Le Moi et Son Destin*, p. 15-24. Louis Lavelle, "Maine de Biran: l'Homme et le Philosophe". *Bulletin de l'Association Guillaume Budé*, n. 8, 1949, p. 75-84. O participacionismo de Lavelle dá novo vigor aos temas da filosofia moderna na medida em que "participation in being is a more radical sentiment than the cogito of Descartes or the will-effort of Maine de Biran; it is prior to the obstacle of Le Senne and the anguished dread of Kierkegaard and Jaspers". James Collins, "Louis Lavelle – On Human Participation". *The Philosophical Review*, março, 1947, p. 168. A participação lavelliana "maintient tant l'immutabilité de l'Acte divin que l'autonomie de la personne humaine. C'est dans la conciliation de ces inconciliables que réside l'originalité de l'effort tenté par M. Lavelle. Sans doute est-ce la première fois dans l'histoire du spiritualisme français que cette antinomie, latente depuis Lachelier, est franchement abordée et non pas, comme c'était le cas surtout chez Hamelin, esquivée. Pour la première fois c'est directement sur elle que va porter la tentative d'explication". Alphonse De Waelhens, "Une Philosophie de la Participation. L'Actualisme de M. Louis Lavelle". *Revue Néoscolastique de Philosophie*, maio, 1939, p. 216.

[12] René Le Senne, op. cit., p. 409. André Marc, *Dialéctique de l'Affirmation*, p. 90.

[13] J. Léon Reid, "Las Lineas Fundamentales del Método de Lavelle", dois artigos publicados na revista argentina *Sapientia*, n. 25, 1952, p. 187-97, e n. 27, 1953, p. 42-63.

[14] Louis Lavelle, *De l'Acte*, p. 29.

toda atividade. Não se trata de conhecer efeitos de uma atividade que me é própria, mas "a consciência dessa atividade considerada em sua operação constitutiva".[15]

Inquestionavelmente, a reflexão evoca um outro conceito a ela conexo – o conceito de dialética. Mais uma vez se observa o parentesco do lavellismo com o platonismo. Assim como Platão, através da dialética, aspira à recontemplação das ideias, de tal modo que o filosofar é um constante adestrar-se na meditação da morte, entendida como termo de uma vida de sombra e início de uma vida de luz, Lavelle faz da oposição entre a espontaneidade e a reflexão uma condição de possibilidade da consciência individual.[16] Todavia, a reflexão é ainda o caminho que conduz da espontaneidade natural à espontaneidade espiritual.[17] Por aí se observa que a reflexão não destrói a espontaneidade que caracteriza o instinto, mas a atravessa.

Surge, então, em toda a sua pujança, o problema do obstáculo como condição do valor. Sem o óbice oferecido ao arbítrio da consciência esta não se consolida. É que a reflexão fundamentalmente é um dinamismo de liberdade, na medida em que torna possível a constituição do ato que eu sou, ato que exprima a participação ontológica desse mesmo eu com o ato que o constitui. O que, pois, caracteriza o ato "é ser sempre o primeiro começo de si mesmo, isto é, ser eterno".[18]

---

[15] Ibidem. "La vie de la conscience n'est pas un effort d'assimilation et de conquête. Elle ressemble à un dialogue et même à un quintuple dialogue, avec soi, avec les choses, avec les idées, aves les personnes et avec Dieu. Et la philosophie doit être justement nommée une dialectique si sa fonction originale dans le monde est précisement de construire une architecture de concepts, mais dans laquelle on ne retrouve que les conditions de possibilité de tous les dialogues, dans laquelle on montre comment ils s'articulent et se hiérarchisent, comment ils supposent des interlocuteurs différents dont l'essence même n'est pas antérieure au dialogue mais se définit et se constitue au contraire avec lui et par lui. C'est cette dialectique que la vie met en oeuvre. Ainsi voit-on que la philosophie n'est pas une réflexion sur un être déjà fait, mais qu'au coeur même de l'Être elle nous oblige à participer à l'Acte même par lequel il se fait". Louis Lavelle, "Être et Acte". *Revue de Métaphysique et de Morale*, 1936, p. 209.

[16] Ibidem, p. 29.

[17] Ibidem, p. 30.

[18] Ibidem, p. 35.

Portanto, do ato reflexivo chegamos ao ato criador, exprimindo essa passagem a realidade do ato que me constitui e do mundo que represento, como participação do Absoluto. "O mundo forma-se no intervalo que separa o ato reflexivo do ato criador."[19]

Como não perceber que a problemática da reflexão nos conduz à criação? Lavelle fala no círculo que há entre ambas e que caracteriza o Ato. O ato reflexivo propicia o estudo do ato dialético, pois a dialética "nos mostra não o que as coisas são, mas como elas se formam; coloca-nos na presença de uma experiência que produzimos, isto é, na qual assistimos à criação de nosso ser próprio e do ser do mundo".[20]

Na primeira parte de nossa tese, insistimos sobre o ser como absoluto. Nesta segunda parte, porém, procuraremos mostrar que esse mesmo ser não é senão ato. A identidade do ser e do ato foi, aliás, a pedra de toque que permitiu a Lavelle vencer o agnosticismo. A assertiva se patenteia quando se observa que o agnosticismo coloca o ser como inacessível precisamente porque não o compreende como ato. A identidade do ser e do ato anula essa distância e possibilita a superação de todos os sistemas que estabelecem um fosso intransponível entre o sujeito e a genuína realidade.[21]

A compreensão do ser como ato permite, outrossim, alcançar o sentido mais profundo da criação. Que é, afinal, a criação senão a passagem do nada ao ser? Esse mistério só se desvenda quando o ato, que é o ser, é também liberdade.[22] Importa salientar, pois, que "o ato fundamental de que todos os outros dependem é o ato mesmo de ser de que todos os atos particulares são uma espécie de pressão e de dispersão segundo

---

[19] Ibidem.
[20] Ibidem, p. 55. Louis Lavelle, "Être et Acte". *Revue de Métaphysique et de Morale*, 1936, p. 210: "Et il a fallu que nous fassions irruption dans le temps pour que nous puissions nous-même, par notre acte propre, prendre place dans l'éternité".
[21] Louis Lavelle, *De l'Acte,* p. 60.
[22] Ibidem, p. 61.

as circunstâncias de tempo e de lugar".[23] Mais explicitamente ainda, Lavelle assevera que "na sua significação mais verdadeira, o ser se confunde com o ato de ser".[24] Ser, Ato e Deus são uma só e mesma realidade. Donde advém, porém, essa identificação? Por que, em suma, o ser identifica-se com o ato? Lavelle não hesita: é porque "o próprio do ser é ser por si".[25]

Há um Todo porque o ser é universal, de tal modo que tudo o que é, enquanto é, está contido no todo. Por isso, o todo não é uma soma de fenômenos, pois o ser é todo exatamente porque cada ser, cada fenômeno dele recebe o ato que o constitui. Inútil tentar apreender o ato como uma operação que se acrescenta ao ser. O ato é pleno ontologicamente, não tendo sentido aqui o brocardo clássico *operatio sequitur esse*, porquanto a *operatio* provém do ato que constitui o *esse*, nada tendo a ver com aquilo que integra o ser enquanto tal. Igualmente, não tem procedência a suposição de que o ato exige um suporte capaz de explicá-lo: "É diminuir duplamente o valor do ato querer que ele seja subordinado quer ao agente que o produz, quer ao fim que ele realiza: pois que é por ele que o agente se torna agente e que o fim para o qual ele tende não é nada mais que um fenômeno seu".[26]

O tema dominante do *De l'Acte*, e, por que não dizer, o tema que atravessa toda a filosofia de Lavelle, é o da *participação*. Não hesitamos em afirmá-lo e nele vemos a porta segura que não permitiu ao lavellismo abismar-se no panteísmo de que é acusado. Realmente, a univocidade lavelliana, no fundo, não é senão uma analogia disfarçada[27] e mantém claramente a distância que separa o Ato dos atos. Mas o que é que torna o ser participável? É precisamente a identidade do ser e do ato.[28]

---

[23] Ibidem, p. 63-64.

[24] Ibidem, p. 64.

[25] Ibidem, p. 65.

[26] Ibidem, p. 69. Louis Lavelle, "Epitome Metaphisicae Spiritualis". *Giornale di Metafisica*, n. 4-5, 1947, p. 398.

[27] Diamantino Martins, "Louis Lavelle". *Revista Portuguesa de Filosofia*, 1952, fasc. 1, p. 61.

[28] Louis Lavelle, *De l'Acte*, p. 70.

No que tange ao Ato, diz Lavelle, "não há dificuldade de admitir que ele permaneça o mesmo ato e que, sem se dividir, forneça a cada ser particular toda a potência eficaz de que carece para tornar-se o que ele é".[29] A problemática do Ato rompe o dique de imobilidade a que a concepção do ser parecia conduzir-nos acenando-nos com a cooperação que o Ato possibilita. A concepção atualista de Lavelle constitui, destarte, um rude golpe no estatismo do ser. Graças a ela o ser deixou de constituir algo de amorfo e de perfeito apenas como conceito para ganhar, na exuberância de sua realidade, a plenitude de que é dotado, sem a qual não se explicaria a oferta infinita que não cessa de nos atrair e que jamais se esgota, precisamente porque o Ser é Ato e o Ato é doação infinita que de modo algum se diminui na munificiência do gesto de amor. Nada melhor espelharia essa ideia do que a compreensão da existência como convivência, porque a convivência é participação.

Se o ser é ato, a unidade do ser tem seu fundamento na unidade do ato. Essa tese ilumina a univocidade estudada na primeira parte, porquanto é a unidade do ato que fundamenta a universalidade e a univocidade do Ser.[30]

A unidade do ato sucederá a importante assertiva de que o ser é a unidade da essência e da existência.[31] Por aí se conclui que Deus é essência ou a existência mesma da essência.[32] É que não há essência senão do espírito.[33] Logo, Deus, que é Espírito, define-se como essência.

Bernard Delfgaauw resumiu com muita fidelidade o pensamento lavelliano a respeito: "Não é possível distinguir no ser a essência e a existência. A existência é o ato de ser, mas o ato de ser é precisamente a essência do ser. Há sempre do nosso ponto de vista uma diferença entre a essência e a

---

[29] Ibidem, p. 71.
[30] Ibidem, p. 78.
[31] Ibidem, p. 92.
[32] Ibidem, p. 107.
[33] Ibidem, p. 96. Louis Lavelle, "Existence Spirituelle et Existence Matérielle". *Atti del Congresso Internazionale di Filosofia*, II, p. 297.

existência, mas não há diferença para o todo do próprio ser, pois ser é ato de existir".[34]

Esse pensamento não se aplica, entretanto, à existência, isto é, ao homem. A existência é para Lavelle a possibilidade da essência, o que equivale a dizer que "a existência é essa aptidão real e mesmo atual que possuo de dar a mim mesmo minha essência por um ato que depende de mim realizar".[35] No mesmo sentido: "Existência não nos é dada senão para a conquista da essência".[36] O homem não é, mas se faz a cada instante através dos atos livres pelos quais se constitui. "Nas (coisas) espirituais, a existência não é nada mais do que o poder de se dar uma essência."[37] Sucede, porém, que o dar-se a existência mediante a construção da essência supõe a presença de um obstáculo que é o mundo. Entre o ato puro e o ato participado existe, pois, um intervalo infinito que o mundo ocupa como mediador.

A existência como conquista da essência através da participação do ser faz com que todos os homens, mesmo os mais ignorantes, sintam uma emoção incomparável quando pressentem o sentido e a grandeza do pensamento filosófico. Daí advém o caráter simultaneamente universal e pessoal da filosofia, a ponto de existirem tantas filosofias quantos são os filósofos, porque cada homem espera com ansiedade que os outros descubram sua própria visão do mundo.[38]

O filósofo, a rigor, não é senão aquele que prossegue na vereda que outros abandonaram ou esqueceram na voragem da vida social.[39]

Em página inspirada, Lavelle retratou a transcendência da perspectiva do filósofo haurida da meditação diuturna de

---

[34] Bernard Delfgaauw, "Être et Acte chez Louis Lavelle". *Giornalle di Metafisica*, n. 4, 1952, p. 473.

[35] Louis Lavelle, *De l'Acte*, p. 95.

[36] Ibidem, p. 103.

[37] Louis Lavelle, *De l'Âme Humaine*, p. 228.

[38] Idem, "La mia Prospettiva Filosofica", p. 125.

[39] Ibidem, p. 123.

momentos sublimes: "Há na vida momentos privilegiados em que o universo parece iluminar-se, em que nossa vida nos descobre sua significação, em que queremos o destino que nos cabe, como se o tivéssemos escolhido. Depois, o universo se fecha: tornamo-nos novamente solitários e miseráveis, não caminhamos então senão às apalpadelas pelo caminho obscuro em que tudo se torna obstáculo a nossos passos. A sabedoria consiste em salvaguardar esses momentos fugitivos, em saber fazê-los reviver, em transformá-los na trama de nossa existência cotidiana e, por assim dizer, na morada habitual de nosso espírito".[40]

A concepção lavelliana da existência poderia iludir-nos, levando-nos a situá-la no existencialismo como se fosse possível defini-lo pela tese de que a existência precede a essência. Essa tese assim esquematizada apresenta o inconveniente de sistematizar uma doutrina que nasceu como oposição à filosofia compreendida como sistema. Mesmo, aliás, quando o existencialismo nos dá a impressão de organicidade monolítica, seu pressuposto fenomenológico interdiz-nos qualquer inclusão

---

[40] Louis Lavelle, "Témoignage". *Les Études Philosophiques*, n. 2-3, 1951, p. 128. No mesmo sentido, Louis Lavelle, *Du Temps et de l'Éternité*, p. 47: "Ce n'est que dans les minutes les plus rares et les plus heureuses de notre vie que se produit cette coïncidence rigoureuse entre l'acte et la donnée où il semble qu'il soit impossible de les distinguer". Esse pensamento volta incessantemente na obra de Lavelle. Assim, no artigo "La Pensée Philosophique en France de 1900 à 1950", em *La Revue des Deux Mondes*, 1º de julho de 1950, p. 33-34: "À tous les moments graves de son existence, et peut-être à certaines heures privilégiées de loisir, il arrive qu'il se trouve tout à coup en présence de son être profond, anxieux et denudé dont le contact lui est révélé comme dans un éclair. Mais il s'en détourne vite comme s'il n'en pouvait pas soutenir le regard: il revient presque aussitôt vers les besognes quotidiennes qui, quelles que soient les souffrances qu'elles peuvent lui apporter, lui laissent plus de sécurité en comparaison. De cette interrogation sur lui-même qui est inséparable de la conscience que chacun a de soi, de ces fugitives lueurs qui traversent la conscience sans y demeurer, la philosophie tente de faire le séjour habituel de notre pensée: loin de tourner le dos à la vie, elle est la vie considérée dans sa pointe la plus aigüe, c'est-à-dire dans la conscience qu'elle a d'elle-même". *La Conscience de Soi*, p. 74: "Tout homme a vécu quelques moments d'exception où, soit au contact d'un autre esprit, soit dans une illumination solitaire, il s'élevait au-dessus de la suite des événements ainsi que du cours passager de ses propres états, où il parvenait sans effort à ce sommet que l'on croit avoir toujours connu quand on s'y trouve, qui laisse misérable dès qu'on le quitte et d'où l'on éprouve, dans un sentiment radieux de stabilité et de certitude, la joie de participer au dessein secret de la création".

do lavellismo em seu seio. A filosofia de Lavelle, sendo antes de tudo uma filosofia do ser entendido como um Ato de que participamos através dos instantes que se nos apresentam como encruzilhadas entre o tempo e a eternidade, supera a perspectiva da fenomenologia ao construir uma metafísica realista, verdadeira síntese dos temas das filosofias clássica e atual.

O que suscita tantas controvérsias em torno de Lavelle é a sua originalidade até mesmo na formulação dos problemas. Sua terminologia é bastante intrincada, por quanto deve atender a aspectos diversos da complexa e polimórfica realidade, a ponto de Gabriel Marcel afirmar, sem rebuços, que a filosofia de Lavelle universaliza o paradoxo.[41] Por outro lado, como em Lavelle se harmonizam teses opostas, seus intérpretes situam-no em diferentes sistemas. Assim, Sciacca,[42] Ceriani,[43] Grasso[44] e Lachieze-Rey[45] o acusam de panteísmo. Já Balthasar,[46] retratando-se da mesma imputação anteriormente arguida contra Lavelle, volta ao assunto para defendê-lo de qualquer resquício de panteísmo. Jurino,[47] com Ceriani,[48] inclui o lavellismo entre as modalidades de fenomenismo. Roy Wood Sellars[49] e Nobile[50] consideram Lavelle idealista clássico. Paul Ortegat,[51] Louis De Raemaeker,[52] Fernand van

---

[41] Gabriel Marcel, "recensão de *De l'Acte*". *La Nouvelle Revue Française*, 1º de fevereiro de 1938, p. 318.

[42] Michele Federico Sciacca, "Dal mio Carteggio con Louis Lavelle". *Giornale di Metafisica*, n. 4, 1952, p. 486-500, e *La Filosofia, Hoy*, p. 264-72.

[43] G. Ceriani, "recensão de *La Présence Totale*". *Rivista di Filosofia Neo-Scolastica*, 1935, fasc. 2, p. 182-84.

[44] Grasso, *Lavelle*, p. 158-67 e 179-90.

[45] Lachièze-Rey, *Le Moi, le Monde et Dieu*, p. 101.

[46] N. J. J. Balthasar, "L'Univocité non Immanente de l'Être total". *Giornale di Metafisica*, n. 4, 1952, p. 422-50.

[47] Michele Jurino, "La Filosofia di Louis Lavelle". *Rivista di Filosofia Neo-Scolastica*, 1949, fasc. IV, p. 444-72.

[48] Ceriani, op. cit.

[49] Roy Wood Sellars, "Le Spiritualisme de Louis Lavelle et René Le Senne". *Les Études Philosophiques*, n. 1-2, 1952, p. 30-40.

[50] O. M. Nobile, *La Filosofia di Louis Lavelle*.

[51] Paul Ortegat, *La Philosophie de la Religion*, II, p. 787-89.

[52] Louis De Raemaeker, *La Philosophie de l'Être*, p. 177-82.

Steenberghen,[53] André Marc,[54] Régis Jolivet,[55] Émile Rideau,[56] Gaston Berger[57] e James Feibleman[58] ligam as ideias de Lavelle à grande corrente da metafísica realista. Jean École,[59] Bernard Delfgaauw,[60] Luigi Stefanini,[61] Angel González Alvarez[62] e Sassen[63] consideram-no existencialista. Jolivet, no entanto, taxa de excessivamente elástico o conceito de existencialismo para se aplicar ao lavellismo.[64] Paul Foulquié,[65] todavia, filiou-o ao que chama de existencialismo essencialista.

Para se compreender até que ponto a interpretação do pensamento de Lavelle se presta a equívocos, diríamos ainda que Grasso dá uma interpretação realista com resíduos idealistas, enquanto Nobile nos apresenta o lavellismo como um idealismo com resíduos realistas. Finalmente, há quem nele descubra uma filosofia religiosa,[66] quando outros leem em suas entrelinhas uma modalidade de frustração religiosa.[67]

---

[53] Fernand van Steenberghen, *Ontologie*, p. 30.

[54] André Marc, *Dialectique de l'Affirmation*, p. 90-101.

[55] Régis Jolivet, *Traité de Philosophie*, III, p. 170.

[56] Émile Rideau, *Paganisme ou Christianisme*, p. 188-89.

[57] Gaston Berger, "Expérience et Transcendance". *L'Activité Philosophique Contemporaine en France et aux États-Unis*, II, p. 100.

[58] James Feibleman, *Ontology*, p. 64.

[59] Jean École, "L'Existentialisme de Louis Lavelle". *Revue Thomiste*, 1952, II, p. 378-402.

[60] Bernard Delfgaauw, *Het Spiritualistisch Existentialisme van Louis Lavelle*.

[61] Luigi Stefanini, *Esistenzialismo Ateo ed Esistenzialismo Teistico*, p. 268-91.

[62] Ángel González Álvarez, *El Tema de Dios en la Filosofía Existencial*, p. 108.

[63] Sassen, apud Delfgaauw, op. cit., p. 20.

[64] Régis Jolivet, *Les Doctrines Existentialistes de Kierkegaard à J. P. Sartre*, p. 27: "... si l'on veut parler d'existentialisme à propos de Lavelle, il doit être entendu que c'est dans un sens dont s'accomoderaient le plus grand nombre des philosophes, et spécialement tous les penseurs chrétiens". Mesma ideia expende Gérard Deledalle, *L'Existentiel*, p. 253-60.

[65] Paul Foulquié, *L'Existentialisme*, p. 109-22.

[66] Michele Federico Sciacca, *Il Problema di Dio e della Religione nella Filosofia Attuale*, p. 269-76. Roger Mehl, "Situation de la Philosophie Réligieuse en France". *L'Activité Philosophique Contemporaine en France et aux États-Unis*, II, p. 265.

[67] Diamantino Martins, "Louis Lavelle". *Revista Portuguesa de Filosofia*, 1952, fasc. 1, p. 50-74 (especialmente p. 68-71). Pier Giovanni Grasso, op. cit., p. 179-90. Émile Pideau, op. cit., p. 189.

Todas essas dissenções nascem da dificuldade extrema de se interpretar uma filosofia, que timbrou em romper as posições unilaterais para conceder a cada tese a importância que lhe cabe no conjunto das ideias com que os pensadores teceram a própria cultura.[68] Nada mais distante, porém, da intenção do filósofo que o ecletismo clássico. Os sistemas filosóficos constituem para Lavelle apenas sugestões para suas reflexões pessoais.[69] Em verdade, sua poderosa metafísica renova os temas da filosofia clássica, dando-lhe o colorido vivo da problemática do pensamento contemporâneo. "Lavelle", reconhece Grasso, "prende-se à grande tradição da filosofia clássica, platônico-aristotélico-tomista (...) mas é essencialmente um pensador moderno".[70]

Quando se estuda um problema, a primeira pergunta – *an sit?* – concerne à existência e a segunda – *quid sit?* –, à sua natureza. Depois de mostrarmos a existência do ser como ato, propomo-nos a examinar os seus atributos. Leve-se em conta, inicialmente, que o ser lavelliano é realíssimo e concretíssimo.

O ato é *causa sui*[71] por ser inseparável da atividade infinita. Lavelle reconhece que a noção de ato *causa sui* é difícil de se compreender.[72] Busca, então, no ato voluntário um exemplo da experiência de causalidade de si para si.[73] Não devemos entender a causalidade como a explicação de uma coisa por outra. Seria um conceito unilateral, porquanto aplicável somente

---

[68] Lavelle explicitamente declara em *La Conscience de Soi*, p. 80: "(...) les interprétations qui paraissent se contredire se complètent et (...) elles correspondent, dans un même horizon baigné de la même lumière, à des perspectives plus ou moins heureuses, à des regards plus ou moins pénétrants".

[69] René Le Senne, "Louis Lavelle". *Giornale di Metafisica*, n. 4, 1952, p. 409. Gabriel Widmer: "On commettrait un contre-sens en interprétant la pensée lavellienne comme un écletisme; elle vise certes à concilier les diverses écoles philosophiques dans leurs affirmations, mais en ayant soin de montrer les domaines où ces affirmations sont valables". "La Philosophie Spirituelle de Louis Lavelle". *Revue de Théologie et de Philosophie*, 1953, III, p. 200-01.

[70] Pier Giovanni Grasso, op. cit., p. 136-37. Michele Federico Sciacca, op. cit., p. 275.

[71] Louis Lavelle, *De l'Acte*, p. 111.

[72] Ibidem, p. 120.

[73] Ibidem, p. 123.

ao mundo dos objetos. Atentando, porém, à atividade interior, veremos que, por exemplo, a volição não exige uma alteridade cansativa, isto é, um ser exterior para esclarecer uma ação. Na verdade, o determinismo pretende subtrair-nos a liberdade sob o pretexto de que ela é condicionada pela natureza. Tal assertiva parece ignorar que o próprio da vontade consiste em superar a natureza, rompendo seu determinismo e inaugurando o elo com o Todo.

O ato *causa sui* é ainda o *Soi universel, le soi pur*. O realismo a que nos habituamos frequentemente nos ilude, apresentando-nos o Ser como um objeto. Ser objeto, porém, equivale a existir para outrem, isto é, a não existir senão como aparência. O que caracteriza o ser, no entanto, é a subjetividade, visto que "não há senão o Todo que pode ser uma subjetividade absoluta, isto é, que não pode jamais tornar-se um objeto, seja para um outro ser, seja para si mesmo; o Todo é um *soi* universal".[74] O Todo é interior a si mesmo e é essa interioridade que o constitui como Ser, porque é seu ato de ser.

O ato puro, ou o ser-ato, ao mesmo tempo que é autossuficiência é autocriação. Esses atributos, de si tão eloquentes, iluminam a concepção do ato, apresentando-o como intimidade ou como subjetividade absoluta.

A metafísica como ciência da intimidade permite-me alcançar o absoluto através de minha subjetividade como ponte à subjetividade universal. Isso só é possível porque o ser é unívoco. Lavelle novamente volta ao mesmo ponto, num atestado de que sua filosofia é o aprofundamento de uma experiência privilegiada que, mediante a dialética, pode constituir o centro em torno do qual gravitam todas as teses da metafísica. À subjetividade universal, que é o ato, não podemos deixar de atribuir a personalidade, pois que as outras pessoas nele encontram a fonte onde haurem sua existência. Por isso, o Ato é uma pessoa e a fonte do toda existência pessoal.[75]

---

[74] Ibidem, p. 129.
[75] Ibidem, p. 140.

Os filósofos oscilam continuamente entre a transcendência e a imanência. As duas teses não se excluem porque se implicam: "Os dois termos transcendente e imanente não têm sentido senão um pelo outro, e o termo participação destina-se precisamente a nos mostrar como uni-los".[76]

A imanência e a transcendência surgem como coordenadas do ser. Pela participação, ponto de encontro da imanência e da transcendência, vemos que o ato de que participamos é transcendente, mas a existência como tal é imanente. A existência é consciência e é só pela consciência que podemos participar do ato transcendente, pois sem ela (que é ato) não nos seria possível alcançar o Ato. É pelo mundo da interioridade do eu que penetramos nessa interioridade absoluta que é o Ato. "O ato é a experiência que fazemos em nós da potência criadora."[77] Lavelle elucida a questão ao estabecer um verdadeiro paralelismo entre a nossa transcendência e a transcendência do Ato. Nada há no Ato que seja potência, mas Ele é potência em relação a nós, porquanto sua eficácia criadora não se extingue. Se há, pois, uma transcendência do eu em relação aos seus estados, isto é, ao eu já feito, já realizado nos atos passados, há uma outra transcendência, a da eficácia criadora em relação à realidade total.[78]

A imanência e a transcendência nascem precisamente no instante em que se insere a teoria da participação. "A participação", diz Lavelle, "que nos coloca sempre entre o Ato puro e a pluralidade dos estados, exprime precisamente o caráter ambíguo de uma existência, que se faz, tornando, por assim dizer, imanente a ela mesma um transcendente no qual ela penetra e que a supera sempre".[79]

A transcendência do Todo existe em relação às partes, a do Ato puro em relação aos atos participados, a do espírito em

---

[76] Ibidem, p. 144.
[77] Louis Lavelle, *De l'Âme Humaine*, p. 555.
[78] Idem, *De l'Acte*, p. 146.
[79] Ibidem, p. 147.

relação ao mundo. O transcendente é, pois, um absoluto, mas a infinitude do transcendente existe em relação a nós, pois que o infinito é o traço de união do absoluto e do relativo, isto é, da transcendência e da imanência.[80]

Sciacca apresenta uma interpretação original do problema quando assevera:

> O Ser-Ideia é transcendência, o Ser-Ato é quase inteiramente imanência. Duas afirmações voltam constantemente à pena de nosso autor: presença do Ser no eu e presença do eu no Ser. A primeira é uma posição de imanência; a segunda conduz a uma dupla transcendência: transcendência do ser em relação ao eu e do eu em relação ao Ser.[81]

Sciacca confessou que sempre toma da pena para escrever contra alguém. O trecho citado é uma confirmação eloquente das palavras do mestre italiano. Realmente, nada mais estranho ao pensamento de Lavelle do que um Ser-Ideia. A concepção lavelliana do ser procura justamente escoimá-lo de qualquer deformação do Ser-Plenitude pelo ser conceito abstrato. O Ser, porém, é Ato puro e, como tal, exuberância criadora. Essa, contudo, não se empobrece com os atos participados, isto é, com a constituição de existências que do Ato retiram o ser. Precisamente a participação oferece especiais garantias da transcendência. Sciacca foi particularmente feliz ao se referir a duas afirmações que sintetizam o pensamento de Lavelle: "Presença do Ser no eu e presença do eu no Ser". Não soube, entretanto, alcançar toda a riqueza da sua própria descoberta. Parece-nos que a presença do Ser no eu e a presença do eu no Ser não justificam de forma alguma a acusação de panteísmo dinâmico que se esconde na pergunta final de Sciacca.[82] A presença não aniquila a existência que me é própria. Dá-lhe

---

[80] Ibidem, p. 152-53.
[81] Michele Federico Sciacca, *Il Problema di Dio e della Religione nella Filosofia Attuale*, p. 275.
[82] Ibidem, p. 276.

a consistência ontológica que um ser contingente não pode dar a si mesmo. Mas ainda assim Lavelle insiste que a presença do Ser no ser, isto é, do Ato nos atos participados, faz do ato uma entidade independente porque capaz de optar, de responder a um convite à participação.

A transcendência lavelliana nada tem, pois, a ver com o transcendentalismo de sabor germânico.[83] É um realismo pujante em que o Ato plenitude desperta a vocação dos atos participados. Talvez poucas passagens traduzam tão claramente essa ideia do lavellismo do que o capítulo de *O Erro de Narciso*, "A Vocação e o Destino".[84] A vocação, diz Lavelle, "é a descoberta da nossa verdadeira essência que coincide com o ato pelo qual ela se realiza".[85] Todos indistintamente são chamados à cooperação espiritual, graças à qual cada um de nós constrói sua própria essência. Seria, pois, um grave erro julgarmos que a vocação é longínqua e excepcional.

O problema da transcendência prende-se ao ato de fé, pois a fé traduz nossa confiança na fecundidade do ato ou no valor de seu exercício puro.[86] O ato de fé é o ato em sua pureza, pois o ato é fé "por esta única razão: que todo ato que se exerce, no momento em que se exerce, não tendo nem suporte nem objeto e possuindo um caráter puramente criador, pode ser definido como uma fé que se afirma, compreendida no termo fé a obrigação para um ato que se põe, de pôr, ao mesmo tempo, sua eficácia e seu valor".[87]

Ángel González Álvarez, ao estudar o problema da fé na filosofia de Lavelle, lança a suspeita de que estaríamos a reviver as críticas de Kant. Tal suspeita busca descobrir no lavellismo a perda dos temas da liberdade, da imortalidade, de Deus e de seu posterior reencontro pela fé, como sucedeu

---

[83] Ángel González Álvarez, *El Tema de Dios en la Filosofía Existencial*, p. 203.
[84] Louis Lavelle, *O Erro de Narciso*, p. 117-30.
[85] Ibidem, p. 121.
[86] Louis Lavelle, *De l'Acte*, p. 155.
[87] Ibidem. Nitidamente se percebe nesse trecho a relação do ser, que é ato, com o valor.

com os postulados da razão prática.[88] A mesma ideia é expendida por Grasso: "Essa solução fideísta do problema do conhecimento de Deus funda-se sobre a teoria kantiana do conhecimento. Lavelle, aceitando de Kant o agnosticismo e o fenomenismo, isto é, a desconfiança na capacidade do intelecto de captar o ser além dos fenômenos, fecha o caminho ao conhecimento intelectivo da realidade divina (...) Aceito o fracasso da razão pura, não restava senão apegar-se à razão prática".[89]

O mestre espanhol desmente sua própria assertiva quando subordina o capítulo dedicado à fé lavelliana ao título: "Análise Ontológica do Ato de Fé". A consideração ontológica da fé já nos resguarda de qualquer fideísmo kantiano, pois Álvarez declara que "se o transcendente tende a ser considerado como Deus e se concebe como um puro objeto de fé, impõe-se uma análise ontológica desse ato em que a divindade nos é dada ou em que damos realidade à possibilidade da transcendência".[90]

Quanto a Grasso, perguntaríamos como se coaduna em sua interpretação sobre Lavelle a acusação de fideísmo kantiano anteriormente referida em seu capítulo "Meriti Inoppugnabili". Nesse capítulo se fala "num corajoso retomar dos maiores problemas metafísicos" e que "devemos dizer que Lavelle é um grande metafísico". Grasso chega mesmo a afirmar que Lavelle tem "fé sobretudo na força da inteligência e não descreve, mas raciocina". Quanto à síntese dos problemas das filosofias clássica e atual operada por Lavelle, o citado autor não hesita em asseverar que, em muitas questões, o mestre da participação volta às teses da *philosophia perennis*. Exemplifica Grasso: "Segurança na afirmação do absoluto; a caracterização do Ser como Ato Puro, Pensamento de pensamento. Liberdade, Personalidade, Transcendência; a forte consciência da contingência

---

[88] Ángel González Álvarez, op. cit., p. 218-19.
[89] Pier Giovanni Grasso, *Lavelle*, p. 157.
[90] Ángel González Álvarez, op. cit., p. 216.

da criatura e da sua essencial 'relacionalidade' com Deus; o asserto decisivo da espiritualidade e da liberdade do homem, etc."[91]

Os textos falam por si e evidenciam o que afirmamos antes: as divergências na interpretação do lavellismo nascem da extrema dificuldade de se compreender que os problemas que vêm opondo sistematicamente as filosofias encontraram em Lavelle um pensador capaz de harmonizá-los.

Se há fideísmo em Lavelle certamente será aquele inseparável de qualquer filosofia realista. Na verdade, não há filosofia sem um ato de fé fundamental.[92] A própria iniciativa de alguém se interrogar, e na sua interrogação incluir-se, suscita uma posição fideísta.

Há que distinguir o conhecimento e a fé. "A fé é o mais seguro dos nossos conhecimentos, porquanto não há conhecimento senão de um objeto exterior a nós, enquanto a fé é o próprio Deus presente à consciência".[93]

A noção lavelliana de participação nada tem a ver com a participação de um ser já realizado. "Não se participa de uma coisa. Não se participa senão de um ato que se está constituindo, mas que se constitui também em nós e por nós graças a uma operação original e que nos obriga, ao assumirmos nossa

---

[91] Pier Giovanni Grasso, *Lavelle*, cap. "Meriti Inoppugnabili", p. 135-41.

[92] Não há lugar aqui para se falar numa filosofia religiosa porque Lavelle terá em vista uma fé que "n'est pas seulement foi en Dieu, c'est-à-dire en un principe transcendant: elle est foi dans sa présence en nous et dans le don qu'il nous fait de lui-même; elle est foi dans la participation". *De l'Acte*, p. 372-73. O fideísmo acompanha muitos sistemas filosóficos. O próprio Santo Tomás declara que "quae naturaliter rationi sunt insita veríssima esse constat, intantum, ut nec ea esse falsa sit possibile cogitare". Cf. Michele Autore, "L'Intelletto Fideistico nella Concezione di S. Tommaso". *Atti de Quinto Congresso Internazionale di Filosofia* realizado em 1924, p. 1038-42, 1925, Nápoles. Michele Autore incisivamente afirma que "(...) l'intelletto fideistico cerca di dare la sua intelletualità a quella adesione ai veri transcendenti, che sono fuori e oltre l'ambito della sua penetrazione", p. 1039.

[93] Louis Lavelle, *De l'Acte*, p. 60. Este é o sentido da afirmação de Lavelle: "La connaissance ne nous contente plus". "Être et Acte", *Revue de Métaphysique et de Morale*, 1936, p. 189.

existência, a assumirmos também a existência do Todo."[94] Por conseguinte, "o problema da participação reside na determinação das relações entre o *Soi* e o *Moi*".[95] Há, porém, entre eles o espetáculo que o mundo representa. Por isso "o caráter fundamental da participação consiste em definir uma iniciativa que me é própria e pela qual constituo no Ser minha própria realidade graças a um ato absolutamente pessoal, mas que é tal que, desde que ele se exerce, faz aparecer seu correlativo que é o mundo".[96]

Como bem assinalou Gaston Berger, o participacionismo é o repúdio simultâneo de uma filosofia dos sujeitos absolutos e de uma filosofia do ser maciço.[97]

A participação não diminui em nada a riqueza ontológica do ser. Sem dúvida, ela não cessa de multiplicar e de diversificar ao infinito as formas particulares do ser, pelo desenvolvimento pessoal e pelo enriquecimento mútuo, sem acrescer nada ao próprio Ser.[98] O panteísmo nasce no momento em que a imaginação nos prende a essa relação entre continente e conteúdo. Essa relação é inseparável de outra, a do meu corpo com o meio em que ele se encontra. Querer, porém, aplicar estas imagens ao mundo do espírito é esquecer-se de que este não é objeto, mas ato.[99] Observa-se, destarte, que a dificuldade em se compreender a participação se explica pelo fato de que nos iludimos ao pensarmos que o ser é objetividade quando "o ser em si reside (...) no extremo da subjetividade e não no extremo da objetividade".[100] O lavellismo estabelece uma filosofia da subjetividade tão

---

[94] Louis Lavelle, *De l'Acte*, p. 165.
[95] Ibidem.
[96] Ibidem, p. 167.
[97] Gaston Berger, "Le Temps et la Participation dans l'Oeuvre de Louis Lavelle". *Giornale di Metafisica*, n. 4, 1952, p. 452.
[98] Louis Lavelle, *De l'Acte*, p. 172.
[99] Idem, "La mia Prospettiva Filosofica", p. 135.
[100] Idem, "Les Trois Moments de la Métaphysique". *L'Activité Philosophique Contemporaine en France et aux États-Unis*, II, p. 136.

radical que "não se pode passar da subjetividade à objetividade senão por intermédio da intersubjetividade".[101]

A ideia da interioridade está, pois, no coração do lavellismo e por isso afeta fundamentalmente sua teoria da participação: "Compreende-se desde logo que a nossa experiência mais primitiva e mais constante seja a da participação, pela qual, ao descobrir o ser do eu, descobrimos o ser total sem o qual o ser do eu não poderia sustentar-se: assim o ser do eu nos faz penetrar na interioridade do ser, mas sem conseguir igualar-se a ele".[102] Por essa razão, "não há participação verdadeira senão a do espírito".[103]

Participar, porém, não é integrar-se num Todo, mas promover uma cooperação constitutiva do nosso ser de tal sorte que ela não tem sentido senão como a expressão do elo que une o Ato absoluto com o particular.

A participação fundamenta minha autonomia em vez de aboli-la, visto que ela é sempre uma participação à autonomia perfeita. Por isso é preciso fazer do Todo uma liberdade e não uma Substância, para que a participação se torne o nascimento de uma outra liberdade.[104] A participação é, pois, para Lavelle, inseparável da liberdade.

Nada atesta mais claramente a exuberância do Ser do que a criação, pois "criar é para Deus chamar a infinidade dos seres particulares à participação da sua essência".[105] Infere-se daí que "nossa participação ao absoluto reside (...) sempre no consentimento".[106] Mas o que é essa liberdade?

---

[101] Idem, "Leçon Inaugurale Faite au Collège de France le 2 Dec. 1941", p. 43.

[102] Idem, *Introduction à l'Ontologie*, p. 20.

[103] Idem, *De l'Acte*, p. 175.

[104] Ibidem, p. 177.

[105] Ibidem, p. 181.

[106] Ibidem, p. 197. Louis Lavelle, "Être et Acte". *Revue de Métaphysique et de Morale*, 1936, p. 203-04: "Le témoignage le plus sûr de la conscience la plus lucide, c'est que le moi réside précisément dans ce point intérieur indivisible où s'accomplit l'acte personnel et incommunicable du consentement à l'être".

A liberdade tem origem empírica. Não escolhemos o nosso corpo, como não nos pergutaram se queríamos nascer. A criança inicialmente vive emparedada nas categorais da necessidade (espaço e tempo), dominando-as, porém, pouco a pouco. Essa precedência cronológica da necessidade nos leva erroneamente a julgar que, ontologicamente, a necessidade é anterior à liberdade. Todavia, a liberdade é o primeiro termo.[107]

A liberdade não é um atributo que orna um ser, porque ela é "o coração ou a interioridade mesma do ser"[108] ou, ainda, "a liberdade não é somente a liberdade de alguém, mas o ser desse alguém".[109]

Vulgarmente, admite-se que a possibilidade ou as possibilidades precedem a liberdade. Essa ideia evidencia o desconhecimento de que a atividade livre tem em si sua origem. "Os possíveis não precedem a liberdade: são sua obra, eles não tem existência senão nela, trata-se dela o fazer surgir de seu próprio exercício; e contrariamente ao que se acredita, é nela somente que fazem sua habitação. Eles são a liberdade enquanto se cinde em duas potências diferentes, sendo uma o entendimento que é capaz de pensá-los e outra a vontade que é capaz de realizá-los (...) A liberdade é, pois, criadora de suas próprias possibilidades."[110]

A participação se define no contexto da filosofia lavelliana como o intervalo. Se há um Ato puro e atos que dele participam, necessariamente deve existir um intervalo entre ambos. O intervalo se entende como uma condição da participação. No ser absoluto o intervalo é entre o ser e o nada. Quanto a nós, abismamo-nos no intervalo entre as possibilidades e o ser. É imprescindível a existência desse intervalo para que o ser se torne verdadeiramente nosso.[111]

---

[107] Louis Lavelle, "La Liberté comme Terme Premier". *Giornale di Metafisica*, n. 6, 1949, p. 597.
[108] Ibidem, p. 601.
[109] Ibidem, p. 603.
[110] Ibidem, p. 604.
[111] Louis Lavelle, *De l'Acte*, p. 201.

A teoria do intervalo tem conexão não pequena com as ideias de finitude e de contingência. Com muita justeza, Grasso mostra que a concepção dinâmica do ser lavelliano interdita a postulação dos atributos estáticos, o termo intervalo prestando-se melhor à explicitação de um pensamento dinâmico.[112]

O ato é, "em sua essência mesma, uma frutificação, uma generosidade sem limites".[113] Sua unidade não é "uma unidade que se põe, é uma unidade que se realiza".[114] A multiplicidade de atos que se constituem não rompe, assim, a unidade do Ato. Todas as oposições mostram invariavelmente aspectos do real. Há sempre uma relação dos dois termos que se opõem a um ascendente. Por essa razão, "sua oposição se realiza sempre no seio de um termo mais alto no interior do qual nasce o intervalo que os separa e que é necessário a seu jogo".[115] Por aí se vê que o Ser absoluto, Ato Puro, Presença é eternamente, definindo-se como a positividade absoluta. O intervalo "exprime a limitação essencial do ser espiritual criado que se acha coartado na sua positividade por uma negatividade, que o mantém à distância infinita da Positividade absoluta, mas ao mesmo tempo permite distinguir-se dela e exercitar uma atividade própria".[116]

Liberdade e necessidade, ato e dado, uno e múltiplo, universal e particular, presença e ausência, eis as modalidades de intervalo. É preciso, todavia, aclarar que se "o ato está acima de todas as oposições, (...) não se diga que ele as contém todas, pois elas nascem somente quando a participação começa".[117]

A participação é o centro do lavellismo. Sem ela o Ser-Absoluto absorveria as existências e o panteísmo selaria o destino de mais uma tentativa humana de explicar o real. A participação assegura, inquestionavelmente, a distinção do Ato e

---

[112] Pier Giovanni Grasso, *Lavelle*, p. 91.
[113] Louis Lavelle, *De l'Acte*, p. 219.
[114] Ibidem, p. 217.
[115] Ibidem, p. 207.
[116] Pier Giovanni Grasso, op. cit., p. 93.
[117] Louis Lavelle, *De l'Acte*, p. 235.

dos atos. Ressalvam-se as autonomias, sem que daí advenha independência ontológica. "O papel da filosofia não consiste, pois, em adiar nosso encontro com o Ser num porvir que se distancia sem cessar, nem mesmo num porvir próximo; e sim em nos permitir realizar esse encontro imediatamente, isto é, sempre ou ainda através de tudo o que temos sob os olhos."[118] Isso equivale a dizer que tudo, absolutamente tudo, tem valor e não há gesto, por mais insignificante que nos pareça, que não apresente um significado transcendente.[119]

---

[118] Ibidem, p. 246.
[119] "(...) au fond de la plus humble de ses manifestations l'être réside dans sa plénitude". Louis Lavelle, *Dialectique du Monde Sensible*, p. 28.

3. Tempo e eternidade

Lavelle estabelece que "dentro o ser deve me aparecer como um sistema de possibilidades e de fora, como um sistema de coisas".[1] Essa distinção é a chave do problema do espaço e do tempo como meios de participação. "O tempo e o espaço definem (...) o intervalo que separa para nós o ser do fenômeno."[2]

A filosofia contemporânea abandonou a oposição da filosofia antiga entre o uno e o múltiplo, a comparação do finito e do infinito que dominou a filosofia moderna, para debater-se entre o tempo e a eternidade. A temporalidade de tal modo preocupa os espíritos que se pode falar no fim do eterno, porque o grito angustiante de Nietzsche, *Gott ist tot*, espelha fielmente o clima de desespero da alma torturada do homem contemporâneo. Louis Lavelle, filósofo consciente das vicissitudes do presente, soube retirar do tempo o sadio otimismo de sua metafísica. O tempo está no centro de seu sistema: "É na perspectiva oferecida pelo problema do tempo e pelo problema da participação que a ele estreitamente se liga que convém abordar a obra de Louis Lavelle se se quer alcançar sua originalidade e íntima coerência".[3]

---

[1] Louis Lavelle, "Les Trois Moments de la Métaphysique". *L'Activité Philosophique Contemporaine en France et aux États-Unis*, II, p. 152.

[2] Louis Lavelle, *De l'Acte*, p. 251.

[3] Gaston Berger, "Le Temps et la Participation dans l'Oeuvre de Louis Lavelle". *Giornale di Metafisica*, n. 4, 1952, p. 453.

O participacionismo lavelliano opera uma revolução profunda no conceito de tempo. Dificilmente se poderia exagerar a importância do tempo na filosofia de Lavelle. O problema do tempo é, na verdade, "o único problema da metafísica".[4] Realmente, "se o ser é ato e se o único ato de que temos experiência é o ato da participação, a gênese do tempo aparecerá como inseparável do seu próprio exercício".[5] A participação só é possível graças à distância que separa o todo do ser do ser particular, distância essa que não é senão o tempo. Mas se o tempo os separa é para permitir que se comuniquem.[6]

Contudo, é preciso desde logo afirmar que o tempo é inseparável do espaço. O espaço é a distância entre o meu corpo e os outros corpos. "O espaço separa uns dos outros todos os lugares que integram um mesmo espaço e, por conseguinte, pertencem ao mesmo mundo. Mas se nosso corpo, que ocupa um lugar determinado, pode ocupar de direito todos os lugares, isso quer dizer que a distância espacial que os separa é somente o sinal da distância temporal que é preciso atravessar para ir de um a outro. De tal modo que, sob a aparência do espaço, é o tempo ainda uma vez que cava um intervalo entre as coisas e que permite superá-lo."[7] A relação profunda entre tempo e espaço não nos deve levar a identificá-los. De um lado, há o espaço que exprime o mundo já feito, permitindo que se fale numa onipresença do espaço. De outro, o mundo sempre em vias de se fazer em que se opera a conversão perpétua da presença e da ausência – o tempo.[8]

A análise do tempo e do espaço, entendidos respectivamente como sentido interno e externo, com facilidade se

---

[4] Louis Lavelle, "Epitome Metaphysicae Spiritualis". *Giornale di Metafisica*, n. 4-5, 1947, p. 405. Louis Lavelle, "L'Expérience Psychologique du Temps". *Revue de Métaphysique et de Morale*, abril, 1941, p. 81.

[5] Louis Lavelle, "Epitome Métaphysicae Spiritualis". *Giornale di Metafisica*, n. 4-5, 1947, p. 405.

[6] Louis Lavelle, *Du Temps et de l'Éternité*, p. 18.

[7] Ibidem, p. 20-21.

[8] Ibidem, p. 50.

presta a uma aproximação da tese lavelliana com a estética transcendental de Kant. Essa aproximação, aliás, poderia ser suscitada pela leitura de *Du Temps et de l'Éternité*, em que Lavelle explicitamente se refere ao filósofo de Koenigsberg. Robustece ainda mais a impressão de parentesco quando se sabe que a primeira formação de Lavelle foi inspirada no idealismo. O filósofo da participação, no entanto, afasta-se do abstracionismo de Kant quando assevera que "essas duas formas são implicadas uma na outra ou, mais exatamente, que nada pode entrar no espaço sem entrar também no tempo, pois todo objeto tem simultaneamente uma face externa e outra interna, isto é, não pode ser objeto do sentido externo se não for por sua vez objeto do sentido interno".[9] Fundamentalmente, o espaço é exteriorização, ou melhor, uma exterioridade representada, porque é pelo espaço que o objeto entra em contato conosco, exprimindo sua fenomenalidade.[10] Espaço e tempo constituem, pois, o vazio sem o qual a participação não seria possível.

A existência humana não se fixa no instante, pois ela ocupa toda a extensão do tempo. Pode-se dizer que "foi no porvir como um possível antes de ser no passado como uma lembrança".[11] Isso equivale a asseverar que não há um passado a nos oprimir como se o que a ele sucedesse viesse marcado pelo determinismo de sua trama envolvente.[12] O otimismo de

---

[9] Ibidem.

[10] Ibidem, p. 54-55.

[11] Louis Lavelle, "Le Passé ou l'Avenir Spirituel". *L'Existence*, p. 103.

[12] Idem, "La Liberté comme Terme Premier". *Giornale di Metafisica*, n. 6, 1949, p. 608-09: "(...) nous sommes bien eloignés de la thèse de Bergson selon qui la liberté est toujours l'expresion et l'accumulation de tout le passé". Lavelle considera que esta concepção atrofiou a duração bergsoniana: "C'est l'aspect de la durée [compreendida como acréscimo do presente ao passado, de sorte a torná-la uma criação indefinida] que Bergson a admirablement mis en lumière et qui lui a permis de parier de durée créatrice. Pourtant nous observons que cette durée créatrice semble l'effet d'une simple loi d'accumulation, sans que jamais la liberté, ou du moins une liberté de choix, joue un rôle dans l'emploi que nous pouvons faire du passé en vus de la création de l'avenir". *Du Temps et de l'Éternité*, p. 376. Para se compreender a posição de Lavelle em face do bergsonismo, vide *Le Moi et Son Destin*, p. 25-37; *La Philosophie Française entre les Deux Guerres*, p. 80-111; *La Pensée Philosophique en France de 1900 à 1950*, p.

Lavelle revela-se contra a supremacia do passado na constituição do nosso ser. Daí a importância do porvir como a fonte de todas as recuperações, pois ele "exprime a possibilidade ao ser finito de participar por uma operação que lhe é própria do ato imutável da criação".[13] A primazia do passado a que nos conduz o senso comum refere-se unicamente à ordem do conhecer, pois, na ordem do ser, a primazia é do porvir.[14]

Se o porvir nos abre sempre novas perspectivas no plano do agir, não devemos ceder à ideia de que o passado morreu para nós. Há mesmo uma indestrutibilidade do passado que dá seriedade à vida, porquanto se ele não nos deixasse traço algum de sua passagem nossa existência transcorreria numa atmosfera de instantaneidade.[15] Por outro lado, o passado não pode ser compreendido como uma coisa, visto que "quando o passado surge mais espontaneamente em nossa consciência, ele não mais se assemelha ao presente que vivemos".[16] Isso se deve ao caráter atemporal do passado. Constitui mesmo uma lei do espírito não permitir que o passado se imobilize numa imagem. Na verdade, assumimos o passado enquanto há um porvir que o recria.[17] O passado cresce, assim, a todo o instante, tornando-se um elemento da existência. Mas se o porvir precede o passado, este se transforma no porvir do porvir.[18]

A participação realiza-se no presente porque o ser finito não pode sair do presente.[19] Com efeito, o passado é o presente

---

37-39; *La Dialectique du Monde Sensible*, p. 28-35; "Leçon Inaugurale Faite au Collège de France", p. 16-21; "L'Homme et le Philosophe", em *Henri Bergson. Essais et Témoignages Recueillis par Albert Béguin et Pierre Thévenaz*", p. 39-48.

[13] Louis Lavelle, *De l'Être*, p. 67.

[14] Idem, "Le Passé ou l'Avenir Spirituel". *L'Existence*, p. 104. "(...) l'ordre qui va du passé à l'avenir, c'est l'ordre des choses réalisées et l'ordre qui va de l'avenir au passé, c'est l'ordre des choses qui se réalisent". *Du Temps et de l'Éternité*, p. 147.

[15] Idem, *La Conscience de Soi*, p. 235.

[16] Idem, "Le Passé ou l'Avenir Spirituel". *L'Existence*, p. 112.

[17] Ibidem, p. 117.

[18] Ibidem, p. 119.

[19] Idem, *La Présence Totale*, p. 166.

da imagem e o que usualmente se chama presente é o presente da percepção. Lavelle considera que há duas espécies de presente: o presente eterno do Todo e o presente móvel dos atos participados. O presente móvel, todavia, é o instante, que se define como a encruzilhada do tempo com a eternidade.[20]

O presente contém o tempo e não inversamente,[21] porque o tempo nasce no momento em que a reflexão intervém.[22] Por isso, "a consciência do tempo, em sua forma mais pura, é o tédio, isto é, a consciência de um intervalo que nada alcança ou que nada preenche".[23] Exatamente porque gerado pela consciência da radical finitude da existência, o tempo é a chave da participação.[24]

Se o tempo é a chave da participação, importa analisá-lo à luz da eternidade. O passado e o porvir cedem a primazia ao presente de que o instante é uma espécie de forma aguda.[25] O presente, porém, não deve ser entendido negativamente. Lavelle critica, aliás, as definições negativas por considerá-las invariavelmente dominadas por uma atrofia congênita. Por isso o tempo não é a negação da eternidade (visto que ela o sustenta), mas a sua revelação.[26] Por outro lado, a existência espiritual não traduz um divórcio entre tempo e eternidade, mas uma verdadeira circulação entre ambos.[27]

Há, pois, lugar para uma opção entre tempo e eternidade desde que se considere a vida humana uma contínua peregrinação da possibilidade à atualização. Se é "por meio do temporal que penetramos a todo o instante no intemporal",[28]

---

[20] Ibidem, p. 174, e *Du Temps et de l'Éternité*, p. 148. *L'Éternité*, p. 148.

[21] Ibidem, p. 253.

[22] Ibidem, p. 235.

[23] Ibidem, p. 236. O dever também tem a mesma origem. Louis Lavelle, *De l'Acte*, p. 360.

[24] Idem, *La Présence Totale*, p. 164.

[25] Idem, *Du Temps et de l'Éternité*, p. 415.

[26] Ibidem, p. 405.

[27] Ibidem, p. 407.

[28] Ibidem, p. 411.

a eternidade será objeto de um ato livre, de uma escolha, tornando-a consentida ou recusada.[29]

A eternidade não nega o tempo por ser sua fonte. A concepção espacial do tempo, graças à qual os instantes são considerados como verdadeiras partículas, acaba por dispensar a eternidade ou pelo menos a considerá-la como uma soma de instantes transtemporais. Mas a eternidade é um tempo sempre renascente, bem distante de uma eternidade imóvel. Em última análise, a eternidade "é esse ponto indivisível donde a criação não cessa de jorrar, esse ato puro sempre oferecido à participação e de tal maneira que ele produz sempre, em todos os seres particulares, essa oposição móvel entre um passado e um porvir que permite constituir a história de sua própria vida e a própria história do mundo".[30]

A concepção dinâmica do ser lavelliano, estruturada especialmente em *De l'Acte*, volta novamente a se afirmar no estudo do tempo. Assim, "não há eternidade senão do ato",[31] não tendo sentido algum falar-se numa eternidade dos dados. O dado é, por definição, o que está diante de nós, o que se nos apresenta como fenômeno, decorrendo sua fenomenalidade de uma consciência à qual o dado é aparência.

É preciso, porém, salientar aqui o papel da liberdade na problemática do tempo. Se não há um tempo das coisas, ou melhor, se o tempo vulgar não é senão um mistério impenetrável pelo fato de desconhecer a eternidade que é sua fonte e sua explicação, segue-se que o tempo exige, para sua vigência ontológica, a presença de uma liberdade que dele dispõe na construção de uma existência. Lavelle fala de "uma ambição de durar" que é a própria consciência em sua luta contra o devenir. Mas essa "vontade de durar, em sua essência profunda, é a expressão dessa perenidade do ato de que participamos".[32]

---

[29] Ibidem.
[30] Ibidem, p. 419.
[31] Ibidem, p. 423.
[32] Ibidem, p. 425-28.

Há três graus de liberdade que se espraiam no itinerário lavelliano do tempo. O devenir, que nos põe em contato com o mundo exterior; a duração, sem a qual não nos seria possível nenhuma comunicação com a nossa consciência nem com as demais; e a eternidade, que nos une a Deus.[33]

---

[33] Ibidem, p. 434.

PARTE III

O VALOR

1. A IDEIA DE VALOR NAS PRIMEIRAS OBRAS

Os intérpretes do lavellismo, exceção de alguns e ainda assim em breves considerações,[1] não se ocupam do problema axiológico que domina a filosofia do criador da *Dialética do Eterno Presente*. A ideia de valor está, porém, intimamente ligada à viga mestra do pensamento de Lavelle não apenas porque duas de suas obras explicitamente o declarem,[2] mas porque, como mostraremos, desde o primeiro momento ela se firmara vigorosamente no âmago do lavellismo.

Já em *De l'Être*, Lavelle refere-se a uma hierarquia de valores[3] e termina essa obra mostrando que todas as perspectivas que separam os homens em seus destinos individuais traduzem o valor de cada existência.[4] Em *De l'Acte*, segundo volume da Dialética, o problema se apresenta mais claramente, permitindo que se fale numa ontologia axiológica.

---

[1] Michele Jurino, "La Metafisica dell'Uomo Secondo Louis Lavelle". *Rivista di Filosofia Neo-Scolastica*, 1952, VI, p. 496-519 (especialmente p. 505-13). Arnold Reymond, "Louis Lavelle et la Philosophie de la Spiritualité". *Giornale di Metafisica*, n. 4, 1952, p. 479-85. Giovanni di Napoli, *La Concezione dell'Essere nella Filosofia Contemporanea*, p. 275-80.

[2] Louis Lavelle, *Introduction à l'Ontologie* e *Traité des Valeurs*, I.

[3] Idem, *De l'Être*, p. 87-96.

[4] Ibidem, p. 301.

A identidade do ser e do ato exige uma justificação que o ser-ato encontra em si mesmo.[5] Na mesma página lê-se: "É descendo sempre mais profundamente no ser que descobrimos o valor". E ainda: "Não podemos querer o ser senão porque querer o ser é também querer o valor". Os trechos se multiplicam: "Há uma solidariedade estreita entre o ser e o dever-ser; não é voltando as costas ao ser, mas nele penetrando até sua raiz, que se descobre o papel que aí se representa e que se mostra sempre a nós sob a dupla forma do dever-ser e do dever de ser".[6] Lavelle investe mais uma vez contra o estatismo do ser ao sublinhar o paralelismo do ser e do agir: "Sabemos perfeitamente que não há para nós outra ambição metafísica senão a de atingir esse ponto, desprovido de qualquer espessura, onde nenhuma distinção subsiste mais entre ser e agir, entre o que queremos e o que somos".[7] O lavellismo não se compreende, por conseguinte, senão quando se percebe a relação entre o ser-ato e o valor: "Uma vez que o ato é a origem de si mesmo e de tudo o que é, ele é também criador de suas próprias razões".[8] Não há, portanto, outra interpretação possível do lavellismo senão a que estabelece essa correlação fundamental entre o ser e o valor. É mesmo incompreensível o dinamismo do ato, sem se levar em conta o problema axiológico. O ser-ato seria, nesse caso, um dinamismo sem finalidade, destituído de justificação. Por isso, Lavelle taxativamente assevera que "só o valor nos introduz no ser"[9] e que "o ato puro, ao fundar a participação, introduz no mundo o valor e a razão de ser".[10] Essa tese tem íntima ligação com a identidade do ser e do ato, pois "o termo ato é sempre laudativo, o que nos permite (...), depois de ter identificado o ato com o ser, identificar ainda o ser com o

---

[5] Louis Lavelle, *De l'Acte*, p. 125: "L'Être est un acte qui se veut lui-même éternellement et qui veut la valeur qui le justifie".

[6] Ibidem, p. 138.

[7] Ibidem, p. 139. Ibidem, p. 99: "(...) ma place originale dans l'etre (...) est inséparable de ma valeur".

[8] Ibidem, p. 18.

[9] Ibidem, p. 351.

[10] Ibidem, p. 357.

valor".¹¹ Referindo-se às funções da consciência, diz Lavelle que a distinção entre elas "nos permite afirmar e realizar a unidade do ser e do valor".¹²

É através do conceito de valor que Lavelle torna possível o estabelecimento de uma autêntica sabedoria, porquanto "o valor é o ser enquanto é para uma consciência um objeto de supremo interesse, isto é, um objeto de amor".¹³

Continuando a percorrer as obras de Lavelle que precederam as que diretamente tratam do problema do valor, deparamos com a aula com que o filósofo inaugurou seus cursos no Colégio de França em 1941. Aí se encontra uma frase que bem demonstra a transcendência do problema do valor no lavellismo: "O problema da existência não pode ser dissociado do problema do valor".¹⁴ A mesma ideia volta continuamente, agora relacionando valor e espírito: "O próprio do espírito consiste em introduzir no mundo o valor".¹⁵ Em *O Erro de Narciso*, ao distinguir dois tipos de introspecção Lavelle caracteriza a verdadeira introspecção como a "que me faz atento a uma atividade que me pertence, a capacidades que desperto e que depende de mim pôr em prática, a valores que busco reconhecer a fim de lhes dar corpo".¹⁶

---

[11] Ibidem, p. 395.

[12] Ibidem, p. 449.

[13] Ibidem, p. 534. Em *Le Moi et Son Destin* há duas passagens conexas com a citada: "L'amour est la découverte d'une valeur" (p. 47) e "une philosophie de l'être est, em même temps, une philosophie de l'amour" (p. 61).

[14] Louis Lavelle, "Leçon Inaugurale Faite au Collège de France", p. 49-50. A importância do valor na filosofia lavelliana se patenteia ainda na escolha do tema do primeiro curso lecionado no Colégio de França, subordinado ao título "Existence et Valeur". Cf. a lista de todos os cursos lecionados por Lavelle no Colégio de França publicada por Jean École, "Louis Lavelle et sa Philosophie". *Revue Thomiste*, 1952, t. I, p. 159.

[15] Louis Lavelle, *Le Mal et la Souffrance*, p. 54.

[16] Idem, *O Erro de Narciso*, p. 52.

2. CARACTERES DO VALOR

Bem antes de publicar seu alentado primeiro volume de *Traité des Valeurs*, Lavelle ocupou-se do problema axiológico em *Introduction à l'Ontologie*, onde estuda paralelamente as categorias ontológicas – ser, existência e realidade – e as categorias axiológicas – bem, valor e ideal. Esse paralelismo poderia surpreender a quem não levasse em conta que "a afirmação (...) é uma certa forma de ação, uma ação da inteligência" e, inversamente, "a ação propriamente dita é um certo modo de afirmação, uma afirmação que cria seu objeto pela vontade em lugar de o pôr como já real".[1] Mais uma vez Lavelle insurge-se contra os unilateralismos, buscando a superação das antinomias. Intelecto e vontade não devem ser opostos como faculdades hostis, delimitadas por uma fronteira rígida. Melhor seria que as compreendêssemos como procedendo de uma atividade primeira, de que as duas potências derivariam numa distinção meramente secundária.[2]

---

[1] Louis Lavelle, *Introduction à l'Ontologie*, p. 65.

[2] Por essa razão a filosofia não é exclusivamente teórica: "La difficulté de la philosophie, l'anxiété où elle nous laisse, l'ébranlement qu'elle nous donne, viennent de ce qu'elle n'est jamais exclusivement théorique, de ce qu'elle engage le sort même de notre moi le plus intime, dans la conception qu'elle se fait du monde, de ce qu'elle nous reporte toujours à l'origine du mouvement par lequel notre être se crée, de ce qu'elle parvient à donner un sens à la vie que si ce sens est non seulement compris, mais encore accepté, voulu et pour ainsi dire effectué à chaque instant par notre pensée et par notre action". Louis Lavelle, "Être et Acte". *Revue de Métaphysique et de Morale*, 1936, p. 188.

Daí se deduzir naturalmente a verdade do intelectualismo e do voluntarismo, ambos autênticos no que afirmam, falsos no que negam. Há, pois, um limite extremo da vontade pura em que o ontológico se confunde com o axiológico. Aliás, a oposição entre ambos nasce quando deparamos com uma vontade imperfeita capaz de permitir que o ontológico se degrade no real e o axiológico, no ideal.[3]

O termo valor está indissoluvelmente ligado ao termo preferência. Onde não houver uma preferência que rompa a indiferença ou a igualdade entre as coisas, o valor não se manifesta.[4] Essa preferência, oriunda de uma vontade, suscita o problema de saber se há uma filosofia dos valores autônoma, ou melhor, se a filosofia dos valores é uma negação ou um substituto da metafísica. Lavelle apressa-se em desfazer o equívoco: a metafísica constitui um aprofundamento do valor. Com efeito, à metafísica compete a tarefa de reduzir o ser ao ato que o faz ser e daí a busca da razão desse mesmo ato. Essa razão, porém, é o próprio valor. Por outro lado, se a metafísica vive a se debater em torno do problema da essência e da existência, de imediato percebe-se que só o valor revela a essência. Por fim, se a metafísica ultrapassa a aparência é para encontrar o que lhe empresta significado, isto é, o valor. O estudo dos valores concerne, portanto, à própria metafísica, que, segundo a palavra de Aimé Forest, não é outra coisa senão a aptidão de apreender valores.[5]

Há valores que preexistem aos que emprestamos às coisas. Encontramos preferências que precederam a nossa, razão pela qual as devemos alijar de nossa vontade, proceder de maneira a que não interfiram em nossa atribuição valorativa. Trata-se de uma dúvida análoga à de Descartes, graças à qual suspendemos "nosso consentimento em relação a todos os valores que se impuseram a nós sem que os tivéssemos submetido

---

[3] Louis Lavelle, *Introduction à l'Ontologie*, p. 72.
[4] Idem, *Traité des Valeurs*, I, p. 3.
[5] Ibidem, p. 29-30.

preliminarmente ao nosso crivo".⁶ Aqui, apresenta-se uma dificuldade. Habituados que estamos ao intelectualismo exagerado, não podemos analisar o problema axiológico senão com as armas do raciocínio, quando o mundo dos valores foge ao plano do conhecer, para se emaranhar no domínio do sentir e do desejar, do estimar e do querer.⁷ Donde o caráter subjetivo do valor, visto que os objetos por si são indiferentes ao plano da vontade. O valor pode ser assim definido como uma emoção volicional. Em certo sentido, é mesmo lícito dizer-se que "toda teoria do valor e todas as discussões de que ele é objeto se produzem no caminho que vai do sentimento ao querer e que nos obriga a converter continuamente as avaliações imediatas que a sensibilidade nos fornece em ações que possam ser assumidas e, se se pode dizer assim, que devem ser objeto de atos de vontade".⁸

A teoria do valor suscita, invariavelmente, o problema da conciliação do intelectualismo com o voluntarismo. O intelectualismo situa o valor na categoria do ser, descurando o seu aspecto dinâmico. Cumpre, pois, situar o valor no plano volitivo. Como, porém, harmonizar as exigências da inteligência com os imperativos da vontade? Haverá um ponto capaz de identificá-los? Lavelle vê nessa identificação a essência do platonismo⁹ e a ambição da sabedoria.¹⁰

Outro aspecto inseparável do valor é a presença do desejo. Compreende-se facilmente sua presença no mundo dos valores

---

⁶ Ibidem, p. 187.
⁷ Ibidem, p. 189.
⁸ Ibidem, p. 192.
⁹ Ibidem, p. 195.
¹⁰ Louis Lavelle, "La Sagesse comme Science de la Vie Spirituelle". *Actes du Ve. Congrès des Sociétés de Philosophie de Langue Française*, p. 8. Lavelle procura convencer-nos de que o Absoluto está ao nosso alcance: "(...) Il n'est point une fin située hors de nous et vers laquelle nous aspirons; il est le terrain sur lequel notre vie doit accepter de s'établir dès sa première demarche". "Être et Acte", *Revue de Métaphysique et de Morale*, 1938, p. 190. E adiante: "Tous les hommes sentent bien que c'est par cet engagement de leur volonté la plus constante et la plus profonde, plutôt que par la connaissance, que se nouent leurs relations avec l'Absolu". Ibidem, p. 191.

quando se observa que a vontade nele encontra seu dínamo. Mas se o desejo é o motor da vontade, o juízo é seu árbitro, de tal modo que o valor nasce da união de ambos. O desejo e o juízo constituem, destarte, a matéria e a forma do valor.[11]

Dissemos que o valor se reveste de um caráter subjetivo. Devemos, porém, considerar que, onde depararmos com um desejo ou com uma vontade, forçosamente estaremos em face de uma deficiência, pois, inquestionavelmente, a presença do valor é buscada no objeto. Todavia, Lavelle esclarece que a objetividade em questão traduz a posse do objeto na medida em que nos proporciona a satisfação de um acréscimo ao meu eu, de uma incorporação a mim de algo que vem preencher um vazio.[12]

Nada mais distante do lavellismo, porém, do que o estabelecimento de uma axiologia fundada no prazer. Sem dúvida, o prazer participa do desejo como testemunho de que seu fim foi atingido. Em *Les Puissances du Moi*, Lavelle estigmatiza aqueles que procuram o prazer e não o objeto: "Talvez a distinção fundamental entre os espíritos superficiais e os espíritos profundos resida em que, aos primeiros, é o prazer que conta e aos outros, o objeto mesmo de que o prazer depende".[13]

O exterior e o interior surgem, a cada passo, na filosofia de Lavelle, que não deve ser entendida como uma abolição da exterioridade, mas sua sublimação na interiorização da exterioridade como meio de atingir a intimidade absoluta.[14] O valor

---

[11] Louis Lavelle, *Traité des Valeurs*, I, p. 201.

[12] Ibidem, p. 204.

[13] Louis Lavelle, *Les Puissances du Moi*, p. 117. Louis Lavelle, *Traité des Valeurs*, I, p. 205.

[14] Aqui, Lavelle se opõe juntamente a Platão e a Heidegger quando, por motivos diferentes, depreciam o mundo das coisas. O lavellismo encara o mundo fenomenal como um veículo ao Absoluto: "Il faut réhabiliter le monde sans devenir son esclave". *De l'Âme Humaine*, p. 128 e 176. James Collins, "Louis Lavelle – On Human Participation". *The Philosophical Review*, 1947, p. 162.

Jean Lacroix: "Le rôle des choses dans la philosophie de Lavelle est de renvoyer perpétuellement aux êtres: leur fonction est de médiation". Cf. "Un Philosophe du Consentement: Louis Lavelle". *Lumiére et Vie*, n. 7, 1952, p. 111-12.

propicia novo ensejo a que essa tese se apresente transfigurada na perspectiva da preferência. De modo geral, diz Lavelle, o caráter essencial do valor consiste em buscar aquele ponto privilegiado em que, quando nos voltamos ao exterior, somos capazes de atingir a subjetividade da objetividade e, quando nos voltamos ao interior, a objetividade da subjetividade.[15] Essa tese é da maior importância e evidencia novamente o espírito de conciliação inerente ao lavellismo.

Os tratados de axiologia classificam os sistemas em subjetivistas e objetivistas. No caso de Lavelle, qual o rótulo adequado? Diríamos simplesmente que subjetivismo e objetivismo são atitudes dependentes de uma ulterior conjugação. A dualidade de sujeito e de objeto provém da participação, nasce apenas no momento em que ela se manifesta. O valor, portanto, inaugura o elo que harmoniza o subjetivo e o objetivo (exemplo frisante é-nos ministrado pelo valor moral, síntese de ação e de intenção). Para obviar o inconveniente de um enquadramento asfixiante, Lavelle define o valor como um objeto espiritual. Frise-se, contudo, que um objeto jamais pode ser espiritual, mas o objeto espiritual que exprime a essência do valor indica somente um objeto que não tem existência senão para o espírito. Por isso "a aparente subjetividade do valor não é senão o sinal de sua subjetividade absoluta, que é sempre para o eu um ideal que ele jamais consegue alcançar".[16] Trata-se, por conseguinte, de uma subjetividade em face de outra subjetividade, isto é, de uma transubjetividade que, segundo Lossky, é a única acepção que se pode atribuir ao termo transcendência. Lavelle, porém, prefere falar em subjetividade transindividual para exprimir o vínculo que nos une ao que nos ultrapassa e que perseguimos sem jamais atingir.[17]

Ao valor compete superar as antinomias entre o subjetivo e o objetivo, entre o ato e o dado, entre o individual e o universal. No primeiro caso, observamos a mediação do objeto

---

[15] Louis Lavelle, *Traité des Valeurs*, I, p. 207.

[16] Ibidem, p. 210.

[17] Ibidem, p. 211.

entre duas subjetividades. Assim, "o valor aparece quando o sujeito individual ultrapassa os limites em que a subjetividade sofreria sempre resistências do objeto e penetra numa subjetividade mais profunda em que essas resistências são vencidas".[18] No que tange à antinomia do ato e do dado, surge o valor como a união da pergunta suscitada pela realidade e da resposta oriunda do "exercício de uma certa operação do sujeito que parece criadora do valor, embora o poder de que ela dispõe o receba de uma atividade infinita em que ela penetra e de que se apropria apenas parcialmente".[19] Finalmente, o valor gera a síntese do individual e do universal: "O problema do valor consiste na passagem de um valor que não vale senão para mim a um valor que vale para todos, não porém, é certo, pela identidade de um mesmo modelo ao qual todos devem conformar-se, mas pela identidade de uma fonte donde promanam todos os valores que correspondem às exigências de cada situação ou de cada vocação particular".[20] Mas se o individual e o universal não se repelem, porque se implicam, devemos considerar que o universal de que se trata aqui é um universal de "dépassement". A universalidade em questão, longe de romper a independência de cada ser, a alicerça e a justifica: "Não se deve obrigar o individual a uma conformidade com o universal, mas buscar no universal o fundamento comum de todos os valores individuais. Isso porque se trata menos de universalizar o individual do que de individualizar o universal".[21]

---

[18] Ibidem, p. 211-12.
[19] Ibidem, p. 213.
[20] Ibidem, p. 223.
[21] Ibidem, p. 226.

3. Ser e valor ou ser e bem

No capítulo primeiro da segunda parte, estabelecemos a tese da identidade do ser e do ato. A dialética lavelliana, com sua incontestável organicidade, propicia a continuidade de um pensamento diretor[1] quando firma outra identidade – do ser e do valor. Cumpre, de início, esclarecer que a terminologia pode suscitar graves equívocos na interpretação da ideia original. Frequentemente, devemos distinguir o Ser dos seres, o Ato dos atos, o Valor dos valores, porquanto o filósofo, nesse particular, não presta o menor auxílio ao crítico. Eis a razão do título que encima este capítulo: ser e valor ou ser e bem.

O ser é ato, tendo em si a razão de ser ou a própria suficiência.[2] É preciso, porém, considerar o ato em sua pureza, pois a dissociação surge com a participação. Só em sua limpidez o ato é a inteligibilidade operatória, isto é, causa e efeito de si mesmo.[3]

Facilmente, aceitamos a ideia de uma anterioridade do ser a toda e qualquer distinção. Essa anterioridade supõe, aliás, a universalidade do ser que, com a univocidade, diz

---

[1] Para Étienne Borne, nada retrata com mais fidelidade o estilo de Lavelle do que a continuidade. "De la Métaphysique de l'Être à une Morale du Consentement". *La Vie Intelectuelle*, 1936, p. 448.
[2] Louis Lavelle, *Introduction à l'Ontologie*, p. 70.
[3] Ibidem.

respeito à inteligência. Há, entretanto, uma outra universalidade e univocidade que se referem à vontade – a universalidade e a univocidade do bem.⁴ A identidade do ser e do bem evidencia-se apenas quando compreendemos que "o bem não pode ser distinguido do próprio ato – isto é, do ser – e que ele é o próprio princípio que o interioriza, isto é, que o faz ser".⁵ Essa compenetração do bem e do ser é, assim, corolário da identidade do ser e do ato.⁶

A identidade do ser e do bem revela em sua simplicidade toda a riqueza do lavellismo. Ousamos até afirmar que nenhum atributo caracteriza melhor o ser na concepção de Lavelle do que a generosidade, a munificência inesgotável. O Ser se oferece à participação como um dom total, a ponto de alguns pensadores se acreditarem em presença de uma estranha tese consagradora da obrigatoriedade da criação.⁷ Na verdade, o que a identidade do ser e do bem exprime é a ideia da infinidade de apelos à participação, isto é, à constituição de uma essência valorizada na concretização de atos particulares vinculados ao universal, vale dizer, à intimidade pura. Essa assertiva renova, sob outra forma, o repúdio do lavellismo à concepção do ser modelada numa coisa. Ser não se confunde com realidade. Se assim fosse, estaria consagrada a vitória do fenomenismo. O ser é eminentemente ato de ser e, por isso, capaz de se justificar a si mesmo. Ele é razão de ser do seu ser, isto é, identidade de essência e de existência.⁸

---

⁴ Ibidem, p. 76.

⁵ Ibidem, p. 81.

⁶ Ibidem, p. 83.

⁷ Pier Giovanni Grasso, *Lavelle*, p. 167. Bernard Delfgaauw, *Het Spiritualistich Existentialisme van Louis Lavelle*. Vide a parte final, p. 87-124, e a correspondência, p. 125-29 (especialmente p. 123).

⁸ A asserção é comum ao tomismo e ao lavellismo. Aliás, há outros pontos de contato entre ambos. Daí acreditarmos que algumas restrições dos tomistas ao sistema de Lavelle desapareceriam logo que se compreendesse que o ser lavelliano nada tem a ver com o ser no contexto doutrinal do tomismo. L. B. Geiger, O. P., situa-se entre os que souberam evitar as objeções simplistas, quando declara: "Il est difficile de ne pas voir que l'être dont M. Lavelle fait le centre de sa philosophie n'a guère de commun que le nom avec l'être tel que l'entend la philosophie d'Aristôte e de Saint Thomas. Il faut bien le voir pour éviter toute

O Ser e o Bem identificam-se porque o Ser é plenitude, isto é, "o ser é algo a que nada falta ou ainda algo que se basta absolutamente".[9] A suficiência do ser, a que chamamos bem, não representa "uma solidão morta, mas a possibilidade que ele tem de fazer participar continuamente de sua abundância sem medida uma infinidade de existências novas às quais é permitido constituírem nele sua essência, isto é, o bem que lhes é próprio".[10] Infere-se daí que o ser é o princípio inesgotável de todos os valores.[11] É por isso que nele vemos "o bem enquanto se oferece à participação", mas "o bem é o ser enquanto é, não o produto, mas a fonte da participação (...) O bem é o ser mesmo enquanto participável, ou a participabilidade, enquanto é posta como valor".[12]

O Deus de Lavelle não é, pois, o que se convencionou chamar o Deus dos filósofos. Longe de lhe atribuir uma roupagem tecida de imobilidade, origem de certas dificuldades em que se debate a teologia natural, o lavellismo retratou o Ser como "hyperousia",[13] como uma "generosidade livre e perfeita pela qual, em vez de criar coisas que seriam testemunhas inertes de seu poder, comunica a outros seres (...) essa dignidade que os torna (...) causas de si mesmos".[14]

---

confusion et ne pas reprocher a la pensée de M. Lavelle des incohérences qui seraient simplement le fait d'une interpretation superficielle". *Revue des Sciences Philosophiques et Théologiques*, 1935, p. 315.

[9] Louis Lavelle, *Introduction à l'Ontologie*, p. 81-82.

[10] Ibidem, p. 83.

[11] Louis Lavelle, *Traité des Valeurs*, I, p. 299.

[12] Idem, *Introduction à l'Ontologie*, p. 84.

[13] James Collins, "Louis Lavelle – On Human Participation". *The Philosophical Review*, 1947, p. 179.

[14] Louis Lavelle, *De l'Acte*, p. 166.

4. Valor e participação ou valor e existência

A verdade perene do cogito cartesiano consistiu em ter descoberto que "a consciência é nossa única via de acesso ao ser".[1] Daí resulta que o grau de penetração do eu no Ser pode ser medido pelo grau de penetração do eu no próprio eu.[2] Mas o que significa essa variabilidade de penetração no interior de si mesmo? Acaso estaremos enredados na teia de uma dialética estéril, justificando o relativo descrédito em que frequentemente é tida a filosofia? Certamente, à primeira vista, a ideia de uma intimidade do eu consigo mesmo parece verdadeira redundância, porque não podemos conceber um eu que seja exterior a si mesmo. O que, no entanto, Lavelle afirma é que o eu pode fazer usos diferentes de suas possibilidades de realização. A existência em uma palavra é a existência que se realiza como essência através de meus atos livres. Por isso, a essência não é outra coisa senão "o encontro entre a minha liberdade e as circunstâncias em que ela se deve exercer".[3]

O problema da existência é inseparável do problema do valor. Essa existência, porém, não se confunde com um objeto,

---

[1] Louis Lavelle, *De l'Âme Humaine*, p. 54.
[2] Ibidem, p. 47.
[3] Ibidem, p. 230. Louis Lavelle, *Introduction à l'Ontologie*, p. 96-97.

mas define-se como uma atividade. Por ser uma atividade, a existência não é suscetível de universalização, de sorte que o valor sofre a ação de sua mutabilidade. Não é outra a razão pela qual "o campo do valor está sempre em relação com o grau de elevação peculiar a cada consciência, com seu grau de penetração, de finura e de boa vontade".[4]

A concepção da existência como ato e não como substância manifestada em acidentes[5] explica por que o problema fundamental da metafísica, o único cuja solução realmente pode esclarecer o significado da vida e a orientação de nossa conduta, é o problema da relação entre o ser e o valor.[6]

A correlação entre existência e valor suscita novamente a questão do relativismo dos valores. Todavia, conforme frisamos anteriormente, o Ser é a fonte dos valores precisamente porque fonte da participação. Há, pois, um constante convívio entre o relativo e o absoluto, de modo que "o valor é, nas coisas relativas, isso mesmo que exprime sua relação com o absoluto".[7] Essa busca do Absoluto é um verdadeiro *leitmotiv* do lavellismo: "Procurar o absoluto em si e não fora de si, na existência mais íntima, mais profunda e mais pessoal, mas um absoluto de que não fazemos senão participar, que, pelo menos, funda nossa própria existência numa comunicação sempre nova com todos os seres, por intermédio de todas as coisas; reabilitar a dignidade de uma certa psicologia, que certa ciência e certa metafísica nos ensinaram sempre a desprezar; não rejeitar a inteligência como estamos tentados a fazer, quando seu papel consiste em nos revelar os males de que sofremos, não, porém, em produzi-los; não confiar na emoção, senão quando ela se purificou na luz do pensamento: tais são as exigências do pensamento francês às quais queremos permanecer fiéis. Não é, absolutamente, evitando o contato com o absoluto, mas buscando encontrá-lo em

---

[4] Idem, *Traité des Valeurs*, I, p. 248.
[5] Idem, *De l'Âme Humaine*, p. 140-44 e 196-208.
[6] Idem, *Traité des Valeurs*, I, p. 253.
[7] Idem, *Introduction à l'Ontologie*, p. 98.

cada um dos passos de nossa vida, que lhe daremos a verdadeira significação, que nos deve tornar capazes de medir seu peso e de concordar em suportá-lo".[8]

O valor possibilita uma experiência do absoluto. Ele "é, no relativo, o ponto de encontro com o absoluto".[9] De certo modo, pois, "a existência é um absoluto, porquanto mesmo o pessimismo a considera o valor supremo, o que se depreende dos esforços para conservá-la".[10] Há, portanto, um profundo elo entre a existência e o valor, a alma podendo ser definida como "a atividade constitutiva da existência enquanto ela é solidária de um valor que a justifica e de uma escala de valores pela qual ela regula seus diferentes passos e determina seu destino".[11]

Não há, por conseguinte, identidade entre existência e valor, embora os possamos considerar como um esforço comum de identificação. Somente no absoluto o ser e o bem se confundem. No relativo, a existência supõe sempre um fosso a transpor e que, indiscutivelmente, a reveste de uma ambiguidade.[12]

Assim como o número ilimitado de existências traduz a inesgotabilidade da participação no Ser, os sistemas filosóficos, por outro lado, constituem perspectivas privilegiadas sobre o real. A mesma verdade pode ser afirmada das mais diversas formas, verificando-se, por vezes, que as divergências nascem de um intervalo fictício de terminologias. Não é nosso intento erigir o ecletismo em história da filosofia, mas apenas fugir dos esquemas didáticos que nem sempre se compadecem com a realidade histórica do filósofo nem com as exigências perenes do filosofar. Nesse ponto, partilhamos do pensamento de Sertillanges de que "os gênios são irmãos, por mais diferentes que pareçam, e que se seguirmos cada um deles até o fundo do poço que haja perfurado,

---

[8] Idem, "Leçon Inaugurale Faite au Collège de France", p. 48.
[9] Idem, *Traité des Valeurs*, I, p. 259-60 e 266.
[10] Idem, *De l'Âme Humaine*, p. 190.
[11] Ibidem, p. 193.
[12] Louis Lavelle, *Introduction à l'Ontologie*, p. 99.

poderemos encontrar, através de galerias subterrâneas, os poços abertos pelos demais".

Explica-se, desse modo, que um dos grandes cultores do tomismo – Nicolau Balthasar – se situe tão próximo do lavellismo em sua vigorosa obra *Mon Moi dans l'Être*. Encontram-se os dois, quando Lavelle vê na existência "uma emergência do eu no ser que nos dá não mais a exterioridade do ser que aparece, mas a interioridade do ser que se faz",[13] e o mestre de Louvain adota a expressão do primeiro – "ser do ser".[14]

Existência e valor não se confundem e até mesmo se opõem, mas essa oposição tem o objetivo de nos obrigar a fazê-los coincidir.[15] Por essa razão, é a mesma coisa definir a alma pela sua ligação com o absoluto ou defini-la como valor.[16] É que a existência é uma atividade que se consolida a todo o momento e que por isso cria o valor de si mesma.

A liberdade existe condicionada pelas circunstâncias que nos são impostas, não nos tendo sido facultado o direito de rejeitá-las. A consequência é que unicamente podemos *assumir* a existência e o seu valor. A liberdade é, assim, a aceitação da existência e de suas circunstâncias. Lavelle critica, destarte, os que vivem a contemplar o próximo como um modelo, desprezando as condições específicas de sua própria existência. O excessivo abismar-se na consideração das virtudes do próximo como um limite de perfeição consiste, no fundo, num ato de abdicação da própria personalidade. Diríamos que há aqui dois extremos a evitar: o individualismo de Narciso e a individualização em outrem de uma determinada virtude. O individualismo foi severamente criticado por Lavelle em sua obra *O Erro de Narciso* e a individualização da virtude como limite de perfeição foi superada na concepção lavelliana do santo que, de modo algum, nos deve substituir na tarefa

---

[13] Idem, *Traité des Valeurs*, I, p. 281.
[14] N. J. J. Balthasar, *Mon Moi dans l'Être*, p. 215.
[15] Louis Lavelle, *Traité des Valeurs*, I, p. 282.
[16] Idem, *De l'Âme Humaine*, p. 194.

personalíssima de construir nossa essência mediante a valorização de atos livres, mas apenas "mostrar-nos o que cada um de nós deve fazer de si mesmo".[17]

O ato pelo qual assumimos a existência e com ela o valor da existência traz em si, em toda a sua transparência, o risco da existência. Esse risco é fundamental para que sintamos o peso do existir. É o que faz Lavelle dizer que não há segurança metafísica.[18] Para se compreender o alcance dessa asserção basta atentar para a ideia lavelliana de alma como um poder-ser, isto é, como "aprofundamento da intimidade e de sua ligação com o valor, que nos conduz a definir a alma como gênese de si mesma (...) como esse poder de ser ou de se fazer, que é a passagem da possibilidade à existência".[19]

Essa tese gera o problema das relações entre valor e essência. A essência não se distingue do ato constitutivo do nosso ser. Ela é mesmo esse ato "considerado em sua mais alta possibilidade".[20] Todavia, a essência lavelliana nada tem a ver com a essência dos escolásticos.[21] A essência na concepção tradicional é um dado, uma natureza, enquanto, em termos lavellianos, a essência tem significado totalmente diverso ao indicar algo a que podemos ou não ser fiéis. A função do valor consiste, pois, em medir a distância que separa nossa essência virtual de nossa essência realizada.[22]

A existência humana caracteriza-se, portanto, por essa transição permanente entre possibilidade e essência. Essa passagem é um verdadeiro sulco do tempo na eternidade[23] e o

---

[17] Idem, *Quatre Saints*, p. 34.

[18] Idem, *Traité des Valeurs*, I, p. 287-88. Essa ideia domina o pensamento contemporâneo, mas já se encontra em Pascal em sua conhecida expressão "nous sommes embarqués".

[19] Louis Lavelle, *De l'Âme Humaine*, p. 208.

[20] Idem, *Traité des Valeurs*, I, p. 289.

[21] Vide a importante correspondência entre Lavelle e Delfgaauw em *Het Spiritualistich Existentialisme van Louis Lavelle*, p. 125-29.

[22] Louis Lavelle, *Traité des Valeurs*, I, p. 290.

[23] Idem, *De l'Âme Humaine*, p. 217.

valor exprime a virtude dinâmica graças à qual a possibilidade se atualiza e a existência se realiza.[24]

Há uma tendência a situar os valores num plano diferente, fora do domínio do ser. A universalidade do ser, porém, é um obstáculo a essa ideia e Lavelle fortemente se insurge contra o que chama de distribuição geográfica do ser entre regiões diferentes.[25] Esclarecendo: "O valor reside não (...) num domínio particular do ser, mas no próprio ser, considerado em sua fonte, enquanto precisamente uma existência de participação busca apoderar-se dele".[26]

Os intérpretes do pensamento de Lavelle esforçam-se por sublinhar a correlação entre o ser e o ato. Estamos de pleno acordo em ressaltar a importância dessa tese para a compreensão do lavellismo. Tivemos mesmo o ensejo de mostrar que a acusação de panteísmo endereçada a esse sistema dissolve-se diante do vigor metafísico do ser-ato. Nossa tese, entretanto, foi mais longe, intentando um aprofundamento da filosofia de Lavelle, que traduz uma interpretação original. Se o ser é ato e o ato é criador de suas próprias razões, ele é o valor. Ontologia axiológica é, assim, uma nova denominação do lavellismo, uma autêntica expressão que define a profunda vinculação das teses capitais da metafísica realista do fundador da *Philosophie de l'Esprit*.

Patenteia-se a legitimidade do elo que prende o ser, o ato e o valor quando se substitui a noção de ser-todo pela noção do ser-ato. Lavelle mostra que "todas as oposições que se pôde estabelecer entre o ser e o valor cessam, desde que se perceba

---

[24] Idem, *Traité des Valeurs*, I, p. 296. Por isso Raymond Ruyer, em sua *Philosophie de la Valeur*, inclui o lavellismo entre as teorias do valor como "participação ativa", p. 206.

[25] Louis Lavelle, *Traité des Valeurs*, I, loc. cit. A concepção tradicional repudia igualmente a tese da autonomia dos valores. A. Etcheverry, em "La Valeur et l'Être", *Actes du IIIe Congrès des Sociétés de Philosophie de Langue Française*, p. 81: "C'est dans les propriétés de l'être que se trouve le fondement de toute appréciation et par suite de toute évaluation. Le jugement de valeur repose sur un jugement d'existence. La certitude de la valeur jaillit de l'évidence de l'être. Pas de valeur sans être; pas d'être sans valeur. Si la valeur est un idéal, elle est aussi une présence".

[26] Louis Lavelle, *Traité des Valeurs*, I, p. 297.

que o próprio ser é ato".[27] Os textos são aqui abundantes: "O ser do valor encontra-se somente no ato pelo qual ele é afirmado, desejado, querido e amado".[28] Por isso, "não se deve dizer que é abandonando o ser que se encontra o valor, mas atingindo-o. Longe de acrescentar algo à afirmação do ser, o valor nos descobre seu segredo; longe de nos afastar do ser (...) ele é a única via que nos permite alcançá-lo".[29]

O valor mantém comércio estreito com todas as categorias ontológicas. Assim, podemos encontrar no ser a sua fonte, na existência o seu agente e na realidade o fenômeno que o manifesta. Já o papel da essência consiste em ser um produto do valor.[30]

A realidade como tal é indiferente a qualquer juízo de valor. A apreciação aparece no momento em que o objeto é, por assim dizer, atuado por nós, isto é, o ato "é valorização de si mesmo e de tudo o que ele atualiza".[31] Ora, se o valor reveste o ser de uma nova expressão, ele se nos apresenta como autêntica criação. O valor, contudo, é essa criação considerada em sua operação e não em seu efeito, pois este transformaria o valor num dado, destruindo o seu aspecto dinâmico. O valor traduziria então uma aquisição a se incorporar a alguma coisa, quando, por definição, ele exprime o ser em sua contínua atividade valorizante. Nada mais errôneo do que conceber o valor como um aspecto de um ser conceptual. O valor não é suscetível de se confundir com um conceito. É bem verdade que a consideração de que o valor é individual e, ainda mais, humano, poderia sugerir-nos uma forma de relativismo dos valores. Entretanto, a objetividade dos valores evidencia-se através da assertiva de que o valor não tem sentido senão em contato com o espírito, isto é, com o absoluto,[32] porque o "valor é Deus mesmo,

---

[27] Ibidem, p. 300-01.
[28] Ibidem, p. 302.
[29] Ibidem, p. 303.
[30] Ibidem, p. 305.
[31] Ibidem, p. 307.
[32] Ibidem, p. 319.

enquanto se revela à nossa experiência, isto é, enquanto se nos dá a nós ou se deixa participar por nós".[33]

Da mesma forma que Lavelle propugnou por uma intuição do ser, como o termo primeiro de que todos os outros dependem, igualmente firmou a tese da intuição do valor. Assim como não poderia remontar ao infinito, na indagação de uma pretensa origem do ser e do pensamento, o problema do valor deixa de ser um problema para se transformar numa solução, precisamente porque o valor é testemunho vivo de si mesmo. É por isso que o "juízo de valor (...) pode ser definido como um juízo no qual o querer produz, de algum modo, sua própria inteligibilidade".[34]

Toda filosofia dos valores põe em evidência a existência de um abismo entre o que se é e o que se deve ser ou o que se quer ser. Essa distância é obrigatória, pois sua ausência decretaria a morte do espírito no que ele tem de mais autêntico – sua significação. Lavelle timbra em mostrar que "a existência reside no exercício de um ato de liberdade que, quando não se produz, reduz nosso ser ao estado de uma coisa: ele perde, ao mesmo tempo, sua interioridade e sua razão de ser".[35] O lavellismo consagra o princípio de que o verdadeiro ontológico é o interior e não o exterior. Assim, "o ser e o valor se atraem, se o ser é considerado em sua interioridade ou (...) em seu ato gerador, e se opõem, se o ser é considerado em sua exterioridade e em sua fenomenalidade".[36]

Há, porém, uma dissociação obrigatória do ser e do valor nos seres finitos.[37] Essa dissociação resulta da participação no ser, que se fundamenta na afirmação do valor.[38] O valor reside, pois, no mesmo plano desse ser que é o meu ser, visto que o valor "não é Deus em si, que é ser, mas Deus em relação

---

[33] Ibidem, p. 309.
[34] Ibidem, p. 321.
[35] Ibidem, p. 325.
[36] Ibidem.
[37] Ibidem, p. 350.
[38] Ibidem, p. 325.

a nós, isto é, enquanto é objeto de nossa procura e de nosso amor. Nesse sentido, o ser está acima do valor, mas o valor permite-nos descobri-lo, enquanto solicita nossa vontade e é digno de ser querido".[39]

Afirmamos, seguidas vezes, que o objeto é indiferente ao valor. Importa, todavia, esclarecer que o objeto é indiferente ao valor, mas, de algum modo, dele impregnado. No instante em que a operação atesta a presença do valor, permitindo ao sujeito entrar na existência, nesse mesmo momento ela permite que o objeto receba uma significação.[40]

Lavelle não reconhece a existência de graus de ser. A univocidade o interdita, embora os seres se diferenciem uns dos outros graças à participação. Em outras palavras, o Ser é o Absoluto, mas as existências que d'Ele haurem seu ser participam diversamente de sua intimidade. É uma forma de dizer-se que o valor é sempre relativo no que tange à participação, mas absoluto em sua fonte absoluta. Esse caráter absoluto do valor que nos é próprio e a que tendemos mediante uma operação constitutiva nasce de uma fé ontológica "nesse ser que ultrapassa toda existência atual, que a sustenta, que a vivifica e para o qual esta aspira sem cessar a se elevar".[41] É o que faz Lavelle se referir a um "valor prático (...) que não tem sentido senão em relação à vontade que o executa".[42]

Unidade e multiplicidade do ser, unidade e multiplicidade dos valores constituem os problemas capitais da metafísica. Destarte, "enquanto a univocidade do ser exprime-se por uma multiplicidade de modos de existência, solidários entre si, e cujo ser reside em sua simples inscrição no interior do mesmo Todo, o valor exprime-se por uma multiplicidade de operações da consciência, sendo que cada uma traduz uma

---

[39] Ibidem, p. 326.
[40] Ibidem, p. 328.
[41] Ibidem, p. 331.
[42] Louis Lavelle, *De l'Âme Humaine*, p. 225.

perspectiva sobre o absoluto, que dá a todas esse caráter idêntico, pelo qual elas recebem o nome de valor".[43]

Vê-se facilmente que a filosofia de Lavelle repudia energicamente qualquer modalidade de fenomenismo, visto que "ontologizar e valorizar são uma só e mesma operação, que é sempre transfenomenal".[44]

Acreditamos que as considerações precedentes demonstraram à saciedade que as últimas obras de Lavelle são a continuação de um pensamento central, de sorte que a ontologia dinâmica da primeira fase encontra seu natural complemento na ideia de valor.

---

[43] Idem, *Traité des Valeurs*, I, p. 333-34.
[44] Ibidem, p. 337.

5. Sabedoria ou Otimismo Ontoético

A dialética do eterno presente deveria completar-se com um volume sobre a sabedoria. A morte de Lavelle, porém, ocorrida a 1º de setembro de 1951, impediu que se consumasse o plano inicial. Certamente, seria a obra-prima do filósofo, pois sua vida foi, sem dúvida, uma permanente busca do absoluto e o *De la Sagesse* se ocuparia, precisamente, dos preceitos capazes de permitir uma participação mais profunda no Ser.[1]

Em que pese, todavia, tão lamentável quão irreparável lacuna, Lavelle nos deixou numerosos trabalhos que atestam sua inequívoca vocação de moralista. Já pela extraordinária beleza da forma, já pela sensibilidade e pela delicadeza no trato dos problemas sutis do comportamento humano, essas obras situam seu autor entre os maiores moralistas do nosso século.

Sua vida desenrolou-se em meio a duas guerras mundiais que abalaram profundamente os espíritos em sua fé na existência de valores perenes. Seria de se esperar que esse clima produzisse, como fruto natural, um sistema dominado pela ideia da finitude da existência e, portanto, pela angústia

---

[1] Louis Lavelle, *La Dialectique du Monde Sensible*, p. 37, e *De l'Être*, p. 27-28.

do viver. Sucede, porém, que todos são unânimes em reconhecer que serenidade é a marca original de Lavelle.²

Toda filosofia que pretende instaurar uma autêntica sabedoria deve elucidar o mistério do mal. Charles Renouvier, em seu leito de morte, declarou que a vida não tem outro interesse para um pensador senão o de tentar resolver o problema do mal.³ A filosofia de Lavelle bem faz ressaltar a transcendência da questão quando inaugura um otimismo consciente. Nada mais injusto do que se afirmar que a beleza da construção lavelliana desconhece a existência no mal.⁴ Pelo contrário, Lavelle parece ter levado em conta a advertência de Renouvier em sua afirmação de que "o mal é o escândalo do mundo" e "é ele que faz do mundo um problema".⁵

Sobretudo nas épocas de crise, a consciência conturba-se e interroga-se mais frequentemente sobre o sentido do sofrimento. Lavelle pretende mostrar, porém, que não há senão uma diferença meramente extrínseca entre os dias de desordem declarada e aqueles em que o mal apenas se esconde: "Se bem que seja quase impossível falar das infelicidades resultantes da guerra sem uma espécie de tremor, não se deveria ignorar que os sofrimentos que ela incessantemente produz e cujo horror ainda nos penetra têm, no entanto, a mesma essência de todos aqueles que, nos períodos mais pacíficos, afetam sempre algum indivíduo sob o efeito das convulsões de seu corpo, ou de um encontro com as forças

---

² Jean École, "Le Problème du Mal et le Sens de l'Existence Humaine dans la Philosophie de Louis Lavelle". *Revue Thomiste*, 1953, p. 109. Jean Baruzi, "Chez Lavelle il y a la Sérénite des Sommets". Cf. Louis Lavelle em *Les Études Philosophiques*, 1951, p. 138. René Le Senne, "Louis Lavelle". *Giornale di Metafisica*, 1952, p. 405-06.

³ A.-D. Sertillanges, *Le Problème du Mal*, I, p. 237.

⁴ Jean École, loc. cit. Gabriel Marcel: "Je dirais volontiers d'une manière générale que, malgré les efforts évidents que tente M. Lavelle pour faire place dans son univers à la discordance, à l'accident, à la déception, à l'échec, il est trop prisonnier de sa propre virtuosité pour que ces réalités négatives ne se volátilisent pas instantanément au contact de la dialectique". Cf. "recensão de *De l'Acte*". *La Nouvelle Revue Française*, 1º de fevereiro de 1933, p. 317.

⁵ Louis Lavelle, *Le Mal et la Souffrance*, p. 31.

que o molestam ou da malícia terrível de outro homem. A doença, o acidente, a crueldade nos fazem conhecer toda a profundidade do mal que a guerra multiplica mais do que propriamente agrava. Ela dá, repentinamente, um caráter universal e um relevo maior à dor e à maldade humana, a ponto de obrigar, ao que parece, o otimismo a abandonar sua última fortaleza".[6]

O contato permanente com os problemas do mundo contemporâneo, que dá esse colorido de atualidade ao pensamento de Lavelle, levou alguns autores, inadvertidamente, a incluí-lo entre os existencialistas, inclinados, talvez, a achar um rótulo fácil.[7] O exame das ideias de existência e liberdade dá-lhes a justificação procurada, porquanto, acreditando que o existencialismo se define pela tese de que a existência precede a essência, nada mais legítimo do que, tendo-a encontrado nos escritos de Lavelle com muita frequência, concluir pela sua filiação ao existencialismo.

---

[6] Idem, *Comparasion du Pessimisme et de l'Optimisme*, 1931. Apud Jean École, loc. cit.

[7] Exemplo: J. Hellin, *Pensamiento*, 1953, p. 116. Roig Gironella igualmente inclui, sem maior exame, Lavelle entre os existencialistas. Cf. *Pensamiento*, 1948, p. 513. Nemesio González Caminero, em *Pensamiento*, 1948, p. 337. Poucas vezes se sintetizou de modo tão feliz uma ideia como o fez Enzo Paci em relação ao existencialismo: "Il significato più profondo dell'esistenzialismo è tutto qui: nell'aver scoperto il piano dell'esistenza come momento in sè autonomo e conclusivo, come assoluta e pura problematicità, come inquietudine profonda che scava in se stessa e non vuol chiedere pace e salvezza". Cf. introdução à tradução italiana de "Was ist Metaphysik?", de Heidegger. Apud Vicenzo M. Kuiper, O. P., *Aspetti dell'Esistenzialismo*, p. 120. Curioso é ainda o caso de Roméo Trudel, O. M. I., que cataloga Lavelle entre os existencialistas franceses para adiante considerar sua "concepção personalista dos valores". Cf. "La Connaissance et l'Être". *Revue de l'Université d'Ottawa*, vol. 15, 1945, p. 121-46. A confusão atinge, porém, o paroxismo quando J. Maia declara que "na análise dessa categoria (refere-se à existência) entra Lavelle, com segurança, na corrente existencialista, sem contudo abandonar o pensamento escolástico que lhe vivifica subterraneamente o pensamento". Cf. *Revista Portuguesa de Filosofia*, 1948, p. 312. É indispensável, contudo, compreender que o lavellismo em sua busca do real concreto não envereda pelo terreno escorregadio do subjetivismo, pois "il était soucieux de reprendre dans sa pureté une tradition classique, très attachée à la réalité concrète, mais qui voit le concret non pas dans le particulier et l'actuel, mais dans l'universel et dans l'acte". Cf. *Revue Philosophique de la France et de l'Étranger*, "Louis Lavelle", janeiro/março, 1952, p. 160.

Sem dúvida, todos esclarecem tratar-se de um novo existencialismo nas antípodas do sartrismo.[8] O verbalismo, porém, é o vício comum a essas interpretações, pois o que define o existencialismo é menos uma tese isolada à qual, aliás, falta mais precisão metafísica do que uma atmosfera de problemas. Stefanini cataloga entre os *motivi* principais do existencialismo o irracionalismo, o nada, a angústia, o personalismo, a insociabilidade e a liberdade.[9] Por aí se vê que o existencialismo, como bem observa De Waelhens, "é o resultado de um amálgama. É, na verdade, impossível reduzi-lo exaustivamente seja a uma meditação de tipo kierkegaardiano sobre a condição humana, seja a um sistema oriundo de uma aplicação à existência das consignações metodológicas promulgadas por Husserl. O existencialismo participa, ao mesmo tempo, de uma e de outra, ainda que numa medida bem variável, segundo os autores".[10]

O pensamento de Lavelle conscientemente move-se na encruzilhada dos problemas das filosofias clássica e contemporânea. Sua ambição ultrapassa os limites de uma corrente para conciliar as grandes verdades da metafísica. Lavelle não é, por conseguinte, um existencialista, mas até mesmo um filósofo que se opõe ao existencialismo através de uma metafísica realista, rigorosamente arquitetada por um intelectualismo exigente.[11] É certo que o filósofo repudiou as construções

---

[8] Jean École, "L'Existencialisme de Louis Lavelle". *Revue Thomiste*, II, 1952. Gonzague Truc, *De J. P. Sartre à L. Lavelle*.

[9] Luigi Stefanni, *Esistenzialismo Ateo ed Esistenzialismo Teistico*, introdução.

[10] Alphonse De Waellens, "De la Phénoménologie à l'Existencialisme". *Le Choix, le Monde, l'Existence*, p. 37.

[11] Para se compreender o quanto é aparente a ligação de Lavelle com o existencialismo, basta exemplificar com o trecho de Luigi Pelloux, adepto da referida filiação: "Il Lavelle é infatti non solo il principale esponente della cosidetta 'Filosofia dello Spirito', ma vu pure considerado come um filosofo che per diversi aspetti si recollega a quella corrente che va sotto il nome comprensivo, ma vario nei suoi aspetti, di 'filosofia esistenziale'. Ciò non significa che l'interesse di Lavelle si sia limitato allo studio dell'uomo considerado como l'único o il principale 'esistente'. Per questo precisamente, se di esistenzialismo di Lavelle è dato parlare, si deve certamente escludere che questo termine abbia una portata esclusiva di una metafisica fundata su di una visione integrale di Dio, del mondo e dell'uomo". Cf. "Il Problema del Male nella Filosofia Esistenziale di

objetivistas, propugnando pelo método de interioridade, a que chamou dialética reflexiva.[12] Não devemos, entretanto, julgar que a consideração da existência importa necessariamente em clima existencialista.[13] Se assim pensássemos, estaríamos incidindo no erro de quantos buscam em filósofos antigos as raízes do existencialismo. José Sanabria distingue existencialismo-método de existencialismo-sistema, caracterizando-se o primeiro pelo método de interioridade.[14] A se adotar esse esquema, veríamos Lavelle e Agostinho, Pascal e Maine de Biran serem, ao mesmo título, considerados existencialistas.

Há ainda outro aspecto que situa o lavellismo a grande distância do existencialismo. Enquanto neste campeia o emocionalismo, Lavelle intenta reabilitar os conceitos fundamentais da metafísica que o existencialismo vem deturpando. Assim, é que restabelece a tese clássica de que essência e existência são coprincípios do ser.[15]

Mais! Conscientemente, Lavelle se opôs ao existencialismo não só quando edificou uma metafísica do ser, que, sendo ato, é o valor que se justifica a si mesmo, mas também quando estruturou uma ética vinculada a essa metafísica.[16]

Louis Lavelle". *Atti del XVI Congresso Nazionale di Filosofia promosso dal R. Istituto di Studi Filosofici*, 1941, p. 503.

[12] Louis Lavelle, *De l'Âme Humaine*, p. 18-19. J. Chaix-Ruy, "L'experience Ontique de Louis Lavelle". *Giornale di Metafisica*, n. 4, 1952, p. 461.

[13] Joseph de Finance, recensão do Congresso de Filosofia de Roma, 1946, parcialmente dedicado ao existencialismo. *Archives de Philosophie*, vol. XVIII, cahier II, p. 155-56.

[14] José Ruben Sanabria, "Existencialismo em San Agustin?". *Sapientia*, n. 32, 1954, p. 103-11.

[15] James Collins, "Louis Lavelle – On Human Participation". *Philosofical Review*, março, 1947, p. 162 e 180-81.

[16] Vide particularmente o prefácio de *L'Existence de Dieu*, de Sciacca, e a introdução à dialética do eterno presente em *De l'Être*, 3. ed. O lavellismo supera, assim, o existencialismo quando repudia a sua concepção da radical finitude da existência, bem como quando inaugura a ética do consentimento e da confiança: "Mit dieser Philosophie der Teilhabe soll sowohl der Philosophie der radikalen Endlichkeit wie einer nihilistischen Existentialphilosophie die Spitze abgebrochen und ein Grundethos des Vertrauens mit der Grunderfahrung der Allgegenwart des Seins erreicht werden". Cf. H. Meyer, "recensão de *Die Gegenvart und das Ganze*". *Stimmen der Zeit*, junho, 1953, p. 233.

Quando, em 1934, Lavelle fundou, com seu amigo René Le Senne, a coleção *Philosophie de l'Esprit*, esclareceu que se é verdade que "toda filosofia é uma restauração dos direitos do espírito, considerado como a fonte eterna de si mesmo",[17] se impõe resguardar esse tesouro acima da diversidade das escolas. A coleção seria uma volta à autêntica metafísica, que, repudiando o fenomenismo e o relativismo, deveria buscar "uma nova aproximação entre a moral e a metafísica".[18] A ideia da filosofia do espírito, pois, significa uma reação contra as tentativas de dissolver a metafísica do espírito e ainda de mostrar como a própria experiência do ser abre as portas à estruturação da ética.

O presente capítulo pretende justamente fazer ressaltar a correlação profunda entre metafísica e ética.[19] Com efeito, a sabedoria não é outra coisa senão a harmonia total do homem, graças à qual o conhecer e o querer cessam de se opor, para instaurarem o clima sublime do querer que se identifica com o conhecer e que dá um sentido transcendente à ética socrática,[20] e que é resultado da experiência do ser em nós.

O lavellismo está, assim, impregnado de cristianismo. Muito embora o filósofo fosse católico, quis a todo o transe defender os direitos de indagação do espírito humano, que jamais deveria abdicar de sua nobilíssima tarefa de investigar o sentido do ser. Quando, porém, os problemas metafísicos cedem lugar a considerações de ordem ética, já então é impossível esconder a inspiração cristã que o anima. Vê-se, destarte, a sabedoria lavelliana retomar a concepção agostiniana, segundo

---

[17] Louis Lavelle, *La Philosophie Française entre les Deux Guerres*, p. 268.

[18] Ibidem, p. 267.

[19] Luigi Pelloux observou com agudeza que "Lavelle raccorda il problema del male e lo risolve nella luce della sua metafisica". Cf. "Il Problema del Male nella Filosofia Esistenziale di Louis Lavelle". *Atti del XIV Congresso Nazionale di Filosofia promosso dal R. Istituto di Studi Filosofici*, 1941, p. 504. Jean Lacroix igualmente diz: "Morale et métaphysique au sommet coincident". Cf. "Un Philosophe du Consentement: Louis Lavelle". *Lumière et Vie*, n. 7, 1952, p. 119.

[20] Louis Lavelle, "La Sagesse comme Science de la Vie Spirituelle". *Actes du Ve. Congrès de Sociétés de Philosophie de Langue Française*, p. 8-9.

a qual *sapientia id est contemplatio veritatis pacificans totum hominem et suscipiens similitudinem Dei.*

O pensador cristão, porém, em quem Lavelle mais se inspirou foi indubitavelmente Malebranche. A ideia de uma intimidade a penetrar em outra Intimidade, a concepção do ato de conhecimento como atenção ao real, reminiscência da prece natural, são heranças nitidamente malebranchistas.[21]

Essa atenção ao real é, a um tempo, ontológica e ética. Ontológica enquanto nos permite o acesso ao Ser através da experiência da participação. Ética porque o complexo agir humano inclui a face negativa do mal e a necessidade de superá-lo.[22] É que "o mal se mistura com os nossos menores gestos (...) ele talvez seja um ingrediente de nossas melhores ações".[23] Por conseguinte, a visão do Ser é a luz de nossas ações e a metafísica une-se à ética por objetivarem ambas a mesma contemplação do Absoluto.

Em *La Conscience de Soi* Lavelle mostrou que nosso ser reside numa intimidade de si para si, e em *O Erro de Narciso* advertiu-nos sobre os perigos da autoconsideração. Gaston Fessard vislumbrou aí uma contradição e expôs seu temor de que o filósofo não escapasse ao individualismo de Narciso.[24] No entanto, a única forma de se vencer o narcisismo consiste em fugir ao verdadeiro real que reside na interioridade. É somente quando se supera a vida cotidiana no que ela tem de medíocre que encontramos o estado de paz espiritual que se assemelha à placidez da inocência. É o que faz Lavelle dizer que "o sábio é indiferente aos estados"[25] ou ainda que "lá onde vivemos no meio de problemas, o santo vive entre soluções".[26]

---

[21] Étienne Borne, "De la Metaphysique de l'Être à une Morale du Consentement". *La Vie Intellectualle*, 1936, p. 450.

[22] O aspecto ético da atenção ao real patenteia-se na definição lavelliana de caridade: "Pura atenção à existência de outrem". Louis Lavelle, *O Erro de Narciso*, p. 155.

[23] Louis Lavelle, *Le Mal et la Souffrance*, p. 30.

[24] Gaston Fessard, "recensão de *L'Erreur de Narcisse*". *Études*, 1940, t. 242, p. 230.

[25] Louis Lavelle, *La Présence Totale*, p. 243-46.

[26] Idem, *Quatre Saints*, p. 24.

A ética de Lavelle foi identificada com a sabedoria panteística de Spinoza, com o estoicismo e ainda com o budismo, respectivamente por Sciacca,[27] Alexandre Marc[28] e Stefanini.[29] Essas acusações parecem se esquecer de que a essência do lavellismo se encontra na ideia cristã do privilégio do instante, como encruzilhada do tempo com a eternidade. Lavelle procedeu, na verdade, a uma reabilitação do tempo, concebendo-o como a condição ou o meio da participação no Ser. Mas como o tempo não traz indelevelmente marcada a trama do nosso destino e sim suas possibilidades de realização, a filosofia oscila entre o pessimismo e o otimismo. No momento em que a dissociação se produz, nasce o pessimismo. Haveria sabedoria panteística em Lavelle se o pessimismo fosse a última palavra de sua filosofia. Entretanto, o "pessimismo é o efeito de uma contemplação negativa do mundo através do valor: ele cessa desde que se comece a agir".[30]

O lavellismo é uma vigorosa afirmação da dignidade do homem e de sua origem divina. O ideal nirvanístico situa-se bem longe dessa filosofia autenticamente cristã para qual "um só ato de bondade invisível, e desconhecido, ou mesmo que não deixe traço algum no mundo, basta para justificá-lo, apesar de todo o mal que ele possa conter".[31]

Mas a existência humana só se eleva através do amor e do amor a Deus,[32] o qual não impede, antes desenvolve o amor ao próximo, que é a caridade.

Sem desconhecer os males que afligem o homem, mas ao mesmo tempo não aceitando a identificação da consciência com

---

[27] Michele Federico Sciacca, "recensão de *L'Erreur de Narcisse*". *Logos*, 1939, p. 555-57. Apud. Pier Giovanni Grasso, *Lavelle*, p. 180-81.

[28] Alexandre Marc, "recensão de *Le Moi et Son Destin*". *Archives de Philosophie*, XIII, cahier I, supl. bibl. I, p. 4.

[29] Luigi Stefanini, *Esistenzialismo Ateo ed Esistenzialismo Teistico*, p. 275.

[30] Louis Lavelle, *Traité des Valeurs*, I, p. 724. Idem, *De l'Acte*, p. 477.

[31] Idem, *Traité des Valeurs*, I, p. 725.

[32] Idem, *De l'Acte*, p. 518.

a angústia, a filosofia de Lavelle intenta recuperar a existência, convencendo-nos de que "o número de conhecimentos suficientes para produzir a sabedoria é muito pequeno".[33]

Consentimento em participar do Absoluto através de uma sinceridade de si para si e para com o próximo, eis a mensagem desse otimismo consciente, capaz de devolver ao atormentado homem do século XX a harmonia interior, sem a qual ele se amesquinha e rompe o elo com a Transcendência.

---

[33] Idem, *La Conscience de Soi*, p. 34.

Conclusão

Dois foram os objetivos que nos animaram a escrever esta tese. O primeiro residiu em apresentar um sistema de raro vigor metafísico e inexplicavelmente ainda pouco conhecido: o lavellismo. Buscamos alcançar esse objetivo através de cuidadosa exposição das ideias fundamentais da filosofia de Lavelle. O segundo, bem mais complexo, consistiu em fornecer uma interpretação original, mediante uma nova distribuição dos temas centrais. Esta resultou, pois, da correlação entre noções primaciais, eloquente testemunho da continuidade de um pensamento diretor. Para colimar tal finalidade dividimos a tese em três partes, cada uma das quais exprimindo um ângulo de um mesmo processo dialético a serviço de uma ideia-fonte – presença do eu no Ser e presença do Ser no eu.

Na primeira parte, estudamos a unidade do Ser em seus dois aspectos – universalidade e univocidade. Tivemos o ensejo de ressaltar que a univocidade em questão não conduz ao panteísmo. A seguir, mostramos que se o Ser é o Todo de que os seres dependem, o nosso eu nele se inclui, resultando essa inclusão de uma experiência pura. Por isso o cogito é a única via de acesso ao Ser e o argumento ontológico não é senão o cogito divino. Concluímos, então, mostrando o quanto essa concepção do ser se distancia da ideia abstrata de ser, a que se apega a filosofia tradicional.

A segunda parte possibilita maior compreensão do repúdio do lavellismo à noção de ser. O Ser-Ato propicia a vitória da metafísica contra o agnosticismo e contra o abstracionismo. O Ser, porém, é dom de si mesmo, razão pela qual Ele se oferece à participação a fim de que outros seres, ao se constituírem como essências, sejam seres-atos, isto é, atos participados. Essa edificação da essência supõe a liberdade, cujo exercício é invariavelmente obstado pela resistência sistemática das circunstâncias que nos tornam seres de participação. O mundo material é, destarte, o mediador entre o Ser e os seres, entre o Ato puro e os atos participados. A realidade objetiva mede o intervalo que os separa, mas também o caminho que os aproxima. A existência participada deve escolher, assim, no oceano de possibilidades de agir, tudo quanto permita a identidade entre o que queremos e o que somos como se tivéssemos escolhido as circunstâncias em que vivemos. Tal existência, contudo, desenvolve-se no tempo sem que este se imobilize no passado, visto que a imagem do passado – a lembrança – traz a marca indelével do presente. Todavia, nem o passado nem o futuro nos falam de uma eternidade que incansavelmente buscamos. Só o instante – encruzilhada do tempo com a eternidade – fornece à nossa existência a matéria-prima do agir livre com que se tece a trama de nosso destino. Esse é, portanto, transtemporal – porque nossa existência é um sulco na eternidade – e, por outro lado, temporal – porque vivemos emparedados no mundo fenomenal da temporalidade.

À ontologia dinâmica, oriunda da conjunção das duas primeiras partes, sucede uma última parte – o valor –, expressão derradeira de um pensamento orgânico. Num capítulo introdutório, salientamos a continuidade da ideia original quando percorremos as primeiras obras de Lavelle e nelas apontamos os elementos básicos da síntese que escritos posteriores desenvolveram mais do que propriamente completaram. Concluímos, assim, que o lavellismo poderia receber uma nova denominação – ontologia axiológica – não somente porque o autorizassem os trabalhos específicos, mas porque as primeiras obras já o justificavam. Abordamos, logo depois, os caracteres do valor e as antinomias a superar. Só então estabelecemos as correlações indispensáveis entre o Ser e o Valor ou o Ser e o Bem e ainda entre o valor e a participação ou o valor e a existência. O Ser é a fonte do valor da mesma sorte que origem de todos os modos possíveis de participação. Esta nasce, por conseguinte, no momento em que as existências tiram o seu ser do Ser e constituem suas essências na valorização de suas existências. Finalmente, unimos a metafísica à ética, objetivo supremo do lavellismo, sempre atento aos perigos de um divórcio intransponível entre conhecer e agir.

Essa síntese compreensiva dos magnos problemas da metafísica resultou da convergência de teses provenientes das mais diversas origens. Em Lavelle, reconhecemos um continuador da filosofia clássica que, confrontando seus temas com os da filosofia contemporânea, suscitou a formação de uma harmonia especulativa profundamente inspirada no cristianismo.

É na História da Filosofia que se percebe melhor o ponto de encontro do relativo com o absoluto no que tange às indagações do espírito humano. O relativo exprime a dívida de cada pensador com a sua época. O absoluto, o que suas ideias representaram à *philosophia perennis*. Por conseguinte, a ambição de um filósofo deve ser a de falar a verdade eterna dentro da problemática de seu tempo, solucionando assim os problemas peculiares à conjuntura espaçotemporal de sua vida. Lavelle bem o compreendeu quando assinalou o caráter privilegiado de cada existência humana e a consequente perspectiva pessoal em face do Absoluto. Filosofia de hoje na roupagem extrínseca de sua apresentação, filosofia perene pela sua profunda concepção do Ser, o lavellismo é um convite para repetirmos o itinerário metafísico que vai da intimidade individual à Intimidade Universal.

Fontes

a) LIVROS

1. *La Dialectique du Monde Sensible*. Tese de doutorado – nova edição. Presses Universitaires de France, 1954 (novo prefácio interrompido com a morte do filósofo e notas especiais com dois asteriscos para distinguir das notas da 1. ed. de 1921, Strasburgo).

2. *La Perception Visuelle de la Profondeur*. Strasburgo, 1921.

3. *De l'Être*. 2. ed. Felix Alcan, 1932 (mesmo texto da 1. ed. de 1928).

4. *De l'Être*. 3. ed. Aubier, 1947 (inteiramente refundida e com uma importante "Introduction à la Dialectique de l'Éternel Présent").

5. *La Conscience de Soi*. Grasset, 1933.

6. *La Présence Totale*. Aubier, 1934.

7. *Die Gegenwart und das Ganze*. Dusseldorf: Schwann, 1952 (trad. alemã de *La Présence Totale*, por H. Burg).

8. *Le Moi et Son Destin*. Aubier, 1936.

9. *De l'Acte*. Aubier, 1937.

10. *L'Erreur de Narcisse*. Grasset, 1939. [Em português: *O Erro de Narciso*. Trad. Paulo Neves. São Paulo: Editora É, 2012.]

11. *Le Mal et la Souffrance*. Plon, 1940.

12. *La Parole et l'Écriture*. L'Artisan du Livre, 1942.

13. *La Philosophie Française entre les Deux Guerres*. Aubier, 1942.

14. *Du Temps et de l'Éternité*. Aubier, 1945.

15. *Introduction à l'Ontologie*. Presses Universitaires de France, 1947.

16. *Les Puissances du Moi*. Flammarion, 1948.

17. *De l'Âme Humaine*. Aubier, 1951.

18. *Quatre Saints*. Albin Michel, 1951 (com exceção do capítulo inicial, os estudos sobre São Francisco de Assis, São João da Cruz, Santa Teresa de Jesus e São Francisco de Sales já haviam sido publicados no *Bulletin de l'Association Fénelon*).

19. *Traité des Valeurs*, I. Presses Universitaires de France, 1951.

b) ARTIGOS, CONFERÊNCIAS, COMUNICAÇÕES E CORRESPONDÊNCIA

1. "Être et Acte". *Revue de Métaphysique et de Morale*, abril, 1936.

2. "L'Expérience Psychologique du Temps". *Revue de Métaphysique et de Morale*, abril, 1941.

3. "Leçon Inaugurale Faite au Collège de France le 2 Décembre 1941". L'Artisan du Livre, 1942.

4. "L'Homme et le Philosophe". In: *Henri Bergson, Essais et Témoignages Recueillis par Albert Béguin et Pierre Thévenaz*. Les Cahiers du Rhône. Éditions de la Bacconnière Neuchatel, 1943.

5. Carta a Jean Wahl. In: *Existence Humaine et Transcendance*. Éditions de la Baconnière Neuchatel, 1944.

6. "Le Passé ou l'Avenir Spirituel". In: *Existence*. Gallimard, 1946.

7. "Existence Spirituelle et Existence Matérielle". *Atti del Congresso Internazionale di Filosofia promosso dall'Istituto di Studi Filosofici*. Roma, 15-20 nov. 1946, II. Castellani, Milano, 1948.

8. "Epitome Metaphysicae Spiritualis". *Giornale di Metafisica*, n. 4-5, 1947.

9. Prefácio à *Introduction à la Philosophie*, de René Le Senne. Presses Universitaires de France, 2. ed., 1947.

10. Cartas a B. Delfgaauw. *Het Spiritualistisch Existentialisme van Louis Lavelle*". Amsterdã: N. V. Noord-Hollandsche Uitgevers Maatschappij, 1947.

11. "La Liberté comme Terme Premier". *Giornale di Metafisica*, n. 6, 1949.

12. "L'Église ni la Famille ne Peuvent Absorber L'État", prefácio do livro de A. Ponceau, *Timoléon. Réflexions sur la Tyrannie*. Reproduzido em *Giornale di Metafisica*, n. 5, 1949.

13. "Maine de Biran: l'Homme et le Philosophe". *Bulletin de l'Association Guillaume Budé*, n. 8, 1949.

14. "Les Trois Moments de la Métaphysique". *L'Activité Philosophique Contemporaine en France et aux États-Unis*, II, Presses Universitaires de France, 1950.

15. "La Sagesse comme Science de la Vie Spirituelle". *Actes du Ve Congrès des Sociétés de Philosophie de Langue Française*, Presses Universitaires de France, 1950.

16. "La Pensée Philosophique en France de 1900 à 1950". *Revue des Deux Mondes*, julho 1950.

17. "La mia Prospettiva Filosofica". Pádua: Editora Liviana, 1950.

18. Prefácio ao livro de Michele Federico Sciacca, *L'Existence de Dieu*, Aubier, 1951.

19. "Témoignage'". *Les Études Philosophiques*, n. 2-3, 1951.

20. Carta a Pier Giovanni Grasso. *Salesianum*, n. 4, 1951.

21. Carta a Georges Ajoux. *L'Attitude Existentialiste*, Gabalda, s.d.

22. Cartas a Michele Federico Sciacca. *Giornale di Metafisica*, n. 4, 1952.

23. Carta a N. Balthasar. *Giornale di Metafisica*, n. 4, 1952.

24. "Due Scritti Inediti di Louis Lavelle" – "La Fonction de la Pensée" e "Donner et Recevoir". *Giornale di Metafisica*, n. 4, 1952.

Bibliografia

ABRANCHES, C. "Recensão de *Les Puissances du Moi*". *Revista Portuguesa de Filosofia*, 1951, fasc. 3.

ÁLVAREZ, Ángel González. *El Tema de Dios en la Filosofía Existencial*. Consejo Superior de Investigaciones Científicas. Instituto "Luis Vivos" de Filosofia. Madri, 1945.

A. TH. "Sainteté et Présence de Dieu" (Réflexions sur les Quatre Saints de Lavelle). *Année Théologique*, n. 4, 1951.

AUTORE, Michele. "L'Intellecto Fideistico nella Concezione di S. Tommaso". *Atti del Quinto Congresso Internazionale di Filosofia*. Nápoles, 1925.

BALTHASAR, N. J. J. "L'Univocité non Immanente de l'Être Total". *Giornale di Metafisica*, n. 4, 1952.

_____. *Mon Moi dans l'Être*. Louvain: Éditions de l'Institut Supérieur de Philosophie, 1946.

_____. "Recensão de *La Présence Totale*". *Revue Néoscolastique de Philosophie*, vol. II, 1934.

BARUZI, Jean. "Louis Lavelle". *Les Études Philosophiques*, n. 2-3, 1951.

BERGER, Gaston. "Louis Lavelle". *Les Études Philosophiques*, n. 2-3, 1951.

_____. "Expérience et Transcendance". *L'Activité Philosophique Contemporaine en France et aux États-Unis*. Vol. II. Presses Universitaires de France, 1950.

Bettoni, Effrem, O. F. M. "Analogia e Univocità Sono Inconciliabili?". *Actes du XIe Congrès International de Philosophie*. Vol. III. Amsterdã: North-Holland Publishing Company; Louvain, Bruxelas: Éditions E. Nauwelaerts, 20-26 ago. 1953.

Bochenski, I. M. *La Philosophie Contemporaine en Europe*. Pavot, 1951.

Borne, Étienne. "De la Métaphysique de l'Être à une Morale du Consentement" (Réflexions sur la Pensée de M. Lavelle). *La Vie Intellectuelle*, nouvelle série, vol. XLVI, 8º ano, 1936.

Brehier, Émile. *Transformation de la Philosophie Française*. Flammarion, 1950.

Bruckberger, fr. R. M., O. P. "Recensão de *De l'Acte*". *Revue Thomiste*, n. I, vol. XLIV, 1938.

Calvetti, Carla. "Recensão de *La Philosophie Française entre les Deux Guerres*". *Rivista di Filosofia Neo-Scolastica*, ano XLI, fasc. IV, 1949.

Caminero, Nemesio Gonzáles, S. J. "Panorama Existencialista". *Pensamiento*, vol. 4, 1948.

Ceriani, G. "Recensão de *La Présence Totale*". *Rivista di Filosofia Neo-Scolastica*, ano XXVII, fasc. II, 1935.

Chaix-Ruy, Jules. "L'Expérience Ontique de Louis Lavelle. *Giornale di Metafisica*, n. 4, 1952.

Chevalier, Irinée, O. P. "Aperçu sur la Philosophie de M. Lavelle". *Revue Thomiste*, vol. XLV, n. III, 1939.

Cobti, Michel. "Recensão de *Les Puissances du Moi*". *Les Études Philosophiques*, n. 4, 1951.

Collins, James. "Louis Lavelle – On Human Participation". *The Philosophical Review*, mar. 1947.

Deledalle, Gérard. *L'Existentiel*. Les Éditions Renée Lacoste, 1949.

Delépaut, P. Hilarion, O. C. R. "Louis Lavelle et la Vie Monastique. Les Incidences Spirituelles d'une Philosophie". Separata da *Collectanea Cisterciensium Reformatorum*. Westmalle, out. 1952.

Delfgaauw, Bernard M. I. "Être et Acte chez Louis Lavelle". *Giornale di Metafisica*, n. 4, 1952.

_____. "Het Spiritualistisch Existentialisme van Louis Lavelle". Amsterdã: N. V. Noord-Hollandsche Uitgevers Maatchappij, 1947 (registramos aqui nosso profundo agradecimento ao Frei Dr. Johannes Josephus Verstappen, O. F. M., e à Dra. Maria Neysing que, com tanta dedicação e competência, traduziram especialmente para esta tese a obra fundamental do mestre holandês).

De Raemaeker, Louis. *La Philosophie de l'Être*. Louvain: Éditions de l'Institut Supérieur de Philosophie, 2. ed., 1947.

De Waelhens, Alphonse. "Une Philosophie de la Participation. L'Actualisme de M. Louis Lavelle". *Revue Néoscolastique de Philosophie*, mai. 1939.

_____. "Un Symposion de Philosophie Française". *Revue Néoscolastique de Philosophie*, n. 1, 1940.

_____. "De la Phénoménologie à l'Existentialisme". In: *Le Choix, le Monde, l'Existence*. Arthaud, 1947.

Dumas, J. L. "Louis Lavelle". *La Vie Intellectuelle*, n. 4, 1952.

Duméry, Henry. "La Philosophie Catholique en France". *L'Activité Philosophique Contemporaine en France et aux États-Unis*. Presses Universitaires de France, 1950.

École, Jean. "De la Sagesse ou la Philosophie de M. Louis Lavelle". *L'École*, n. 5, nov. 1951.

_____. "Louis Lavelle et sa Philosophie". *Revue Thomiste*, vol. LII, n. I, 1952.

_____. "L'Existentialisme de Lavelle". *Revue Thomiste*, vol. LII, n. II, 1952.

_____. "Le Problème du Mal et le Sens de l'Existence Humaine dans la Philosophie de Louis Lavelle". *Revue Thomiste*, vol. LIII, n. I, 1953.

_____. "L'Expérience de l'Être et le Point de Départ de la Métaphysique selon Louis Lavelle". *Les Études Philosophiques*, n. 4, 1953.

_____. "Recensão da 2ª edição de *La Dialectique du Monde Sensible*". *Les Études Philosophiques*, n. 4, 1953.

_____. "La Notion de Dieu Causa sui dans la Philosophie Française Contemporaine". *Revue Thomiste*, vol. XLIV, n. II, 1954.

_____. "La Définition de l'Être par l'Acte, dans la Philosophie de Louis Lavelle". *Actes du XIe Congrès International de Philosophie*, 20-26 ago. 1953, vol. XIII. Amsterdã: North-Holland Publishing Company; Louvain, Bruxelas: Éditions E. Nauwelaerts.

E. D. "Recensão de *La Dialectique du Monde Sensible*". *Revue de Philosophie*, 1923.

ETCHEVERRY, Auguste, S. J. "La Valeur et l'Être". *Actes du IIIe Congrès des Societés de Philosophie de Langue Française* (Les Valeurs). Bruxelas, Louvain: E. Nauwelaerts-Louvain, J. Vrin-Paris, 2-6 set. 1947.

EVAIN, François. "Recensão de *Les Puissances du Moi*". *Études*, vol. 263, 1949.

_____. "Recensão de *Traité des Valeurs*". *Études*, vol. 271, nov. 1951.

FATONE, Vicente. *La Existencia Humana y sus Filósofos*. Editorial Raigal, 1953.

FEIBLEMAN, James K. *Ontology*. Baltimore: The Johns Hopkins Press, 1951.

FERRATER MORA, José. Verbete "Lavelle". In: *Diccionario de Filosofia*. 3. ed. Buenos Aires: Editorial Sudamericana, 1951.

FESSARD, Gaston, S. J. "Recensão de *L'Erreur de Narcisse*". *Études*, vol. 242, 20 jan. 1940.

_____. "Recensão de *De l'Acte*". *Études*, vol. 237, 5 dez. 1938.

FINANCE, Joseph de, S. J. "Recensão do Congresso de Filosofia de Roma (1946) parcialmente dedicado ao Existencialismo". *Archives de Philosophie*, vol. XVIII, caderno n. II.

Forest, Aimé. "L'Esprit de la Philosophie Française". *Giornale di Metafisica*, n. 6, 1951.

Foulquié, Paul. *L'Existentialisme*. Presses Universitaires de France, 1946.

Geiger, L. B., O. P. "Recensão de *La Présence Totale*". *Revue des Sciences Philosophiques et Théologiques*, 1935.

_____. "Bulletin Existentiel". *Revue des Sciences Philosophiques et Théologiques*, n. I, 1951.

_____. "De l'Unité de l'Être". *Revue des Sciences Philosophiques et Théologiques*, n. I, 1949.

_____. "Recensão de *Traité des Valeurs*". *Revue des Sciences Philosophiques et Théologiques*, n. I, 1954.

Gironella, J. Roig. "Notícia do Xº Congresso Internacional de Filosofia de Amsterdã". *Pensamiento*, vol. 4, 1948.

Grasso, Pier Giovanni. *Lavelle*. Brescia: La Scuola, 1949.

_____. "In Memoria di Louis Lavelle". *Salesianum*, n. 4, 1951.

Hanslmeier, J. "Philosophie de l'Esprit von Louis Lavelle und René Le Senne". *Philosophisches Jahrbuch*, 62 Jahrgang/2, Halbband, 1953.

Hayen, André, S. J. "L'Isolement des Philosophes et l'Unité de la Philosophie". *Actes du XIe Congrès International de Philosophie*. Louvain, Bruxelas: North-Holland Publishing Company, vol. I, 20-26 ago. 1953.

Heidsieck, François. "La Vie de l'Âme et la Mort du Corps selon Louis Lavelle". *Actes du VIIe Congrès des Sociétés de Philosophie de Langue Française*. Presses Universitaires de France, 1954.

Hellin, J. "Recensão de *L'Existence de Dieu*, de Michele Federico Sciacca". *Pensamiento*, jan./mar. 1953.

Hering, Jean. "La Phénoménologie en France". *L'Activité Philosophique Contemporaine en France et aux États-Unis*, II. Presses Universitaires de France, 1950.

Jacques, J. "Recensão de *Le Moi et Son Destin*". *Revue Néoscolastique de Philosophie*, mai. 1937.

Jolivet, Régis. "Essai sur le Problème et les Conditions de la Sincérité". Vitte, 1950.

_____. *Les Doctrines Existentialistes de Kierkegaard à J. P. Sartre*. Éditions de Fontenelle, 1948.

_____. *Traité de Philosophie*, III (Métaphysique). Lyon-Paris, 1946.

_____. *Las Fuentes del Idealismo*. Desclée de Brouwer, 1945.

Jurino, Michele. "La Filosofia di Louis Lavelle". *Rivista di Filosofia Neo-Scolastica*, ano XLI, fasc. IV, 1949.

_____. "La Metafisica dell'Uomo secondo Louis Lavelle". *Rivista di Filosofia Neo-Scolastica*, XLIV, fasc. IV, 1952.

_____. "Recensão de *Les Puissances du Moi*". *Rivista di Filosofia Neo-Scolastica*, ano XLII, fasc. II, 1950.

J. W. "Louis Lavelle". *Revue de Métaphysique et de Morale*, n. 4, 1951.

Kuiper, Vicenzo M., O. P. "Aspetti dell'Esistenzialismo". *Acta Pont. Academiæ Romanæ S. Thomæ Aq.*, vol. 9, 1944.

Lachièze-Rey, Pierre. *Le Moi, le Monde et Dieu*. Aubier, 1950.

Lacroix, Jean. "Un Philosophe du Consentement: Louis Lavelle". *Lumière et Vie*, n. 7, 1952.

Le Guillou, M. J., O. P. "Recensão do *Traité des Valeurs*". *Revue des Sciences Philosophiques et Théologiques*, n. 3, 1952.

Le Senne, René. "Louis Lavelle". *Giornale di Metafisica*, n. 4, 1952.

_____. "De la Philosophie de l'Esprit". *L'Activité Philosophique Contemporaine en France et aux États-Unis*, II, Presses Universitaires de France, 1950.

L. F. "Recensão de *La Présence Totale*". *Revue Thomiste*, vol. XLIII, n. V, 1936.

Maia, J. "Recensão de *Introduction à l'Ontologie*". *Revista Portuguesa de Filosofia*, fasc. 3, 1948.

Marc, Alexandre. "Recensão de *Le Moi et Son Destin*". *Archives de Philosophie*, XIII, supl. bibliog. I.

Marc, André, S. J. "Louis Lavelle". *Études*, vol. 271, nov. 1951.

_____. *Dialectique de l'Affirmation*. Desclée de Brouwer, 1952.

_____. *Dialectique de l'Agir*. Vitte, 1954.

Marcel, Gabriel. "Recensão de *De l'Acte*". *La Nouvelle Revue Française*, 1º fev. 1938.

_____. "Situação da Filosofia em França". *Revista Portuguesa de Filosofia*, fasc. 1, 1947.

Martins, Diamantino. "Louis Lavelle". *Revista Portuguesa de Filosofia*, fasc. 1, 1952.

Mckeon, Richard. "Une Réaction Américaine sur l'État Actuel de la Philosophie Française". *L'Activité Philosophique Contemporaine en France et aux États-Unis*, II, Presses Universitaires de France, 1950.

Mehl, Roger. "Situation de la Philosophie Religieuse en France". *L'Activité Philosophique Contemporaine en France et aux États-Unis*, II, Presses Universitaires de France, 1950.

Messaut, Jourdain, O. P. "Recensão de *Le Moi et Son Destin*". *Revue Thomiste*, vol. XLIV, n. II, 1937.

Meyer, H. "Recensão de *Die Gegenwart und das Ganze*". *Stimmen der Zeit*, jun. 1953.

Napoli, Giovanni di. *La Concezione dell'Essere nella Filosofia Contemporanea*. Roma: Editrice Studium, 1953.

Nobile, O. M. *La Filosofia di Louis Lavelle*. Firenze, 1943.

Ogiermann, Helmut. "Recensão de *Die Gegenwart und das Ganze*". *Scholastik*, n. III, 1953.

Ortegat, Paul. *La Philosophie de la Religion*. 2 vol. Louvain: Bibliothèque Philosophique de Louvain, 1948.

Padilha, Tarcísio M. "O Valor Epistemológico do Cogito Cartesiano". *Letras e Artes*, 12 fev. 1950.

Patka, Federico. "De Ontologica Fundatione Valorum Respectu Habito ad Theorias Confessas in Hodiernis Scientiis Spiritis (Geisteswissenchaft)". Separata da *Revista da Universidade Católica de São Paulo*, fasc. 8, 1953.

Pelloux, Luigi. "Il Problema del Male nella Filosofia Esistenziale di Louis Lavelle". *Atti del XIV Congresso Nazionale di Filosofia promosso dal'Istituto di Studi Filosofici*. Milão, 1941.

Polin, Raymond. "La Philosophie des Valeurs en France". *L'Activité Philosophique Contemporaine en France et aux États-Unis*, II, Presses Universitaires de France, 1950.

Radine, Serge. "Un Saint Laïque: Louis Lavelle". *Christianisme Social*, 59º ano, n. 12, dez.

Reid, J. Léon. "Las Lineas Fundamentales del Método de Lavelle" I. *Sapientia*, n. 25, 1952.

_____. "Las Lineas Fundamentales del Método de Lavelle" II. *Sapientia*, n. 27, 1953.

Revue Philosophique de la France et de l'Etranger. "Louis Lavelle", jan./mar. 1952.

Reymond, Arnold. "Louis Lavelle et la Philosophie de la Spiritualité". *Giornale di Metafisica*, n. 4, 1952.

Rideau, Émile. *Paganisme ou Christianisme*. Casterman, 1953.

Rigobello, Armando. "Recensão de *Traité des Valeurs*" I. *Giornale di Metafisica*, n. 4, 1952.

Rimaud, Jean. "Recensão de *La Présence Totale*". *Études*, vol. 219, 20 mai. 1934.

Rivista di Filosofia Neo-Scolastica. "Luigi Lavelle", ano XLIII, fasc. IV, 1951.

Roland-Gosselin, M. D. "Recensão da 1ª edição de *De l'Être*". *Revue des Sciences Philosophiques et Théologiques*, n. 2, 1928.

_____. "Recensão de *La Dialectique du Monde Sensible*". *Revue des Sciences Philosophiques et Théologiques*, n. 2, 1922.

Roure, Lucien. "Recensão da 1ª edição de *De l'Être*". *Études*, vol. 196, 5 set. 1928.

_____. "Recensão de *La Conscience de Soi*". *Études*, vol. 217, 20 out. 1933.

Roure, Marie-Louise. "Univocité et Analogie de l'Être chez Rosmini et Lavelle" (comunicação ao Congresso de Stressa datilografada pela autora especialmente para esta tese).

Ruyer, Raymond. *Philosophie de la Valeur*. Armand Collin, 1952.

Saint-Maurice, Béraud de. *João Duns Scot. Doutor dos Tempos Novos*. Petrópolis: Vozes, 1947.

Sanabria, José Rubén. "¿Existencialismo en San Agustín?". *Sapientia*, n. 32, 1954.

Santinello, Giovanni. "Recensão de *Quatre Saints*". *Giornale di Metafisica*, n. 4, 1952.

_____. "Recensão de *De l'Âme Humaine*". *Giornale di Metafisica*, n. 4, 1952.

Sciacca, Michele Federico. "Louis Lavelle". *Giornale di Metafisica*, n. 6, 1951.

_____. *Il Problema di Dio e della Religione nella Filosofia Attuale*. 2. ed. Brescia: Morcelliana, 1946.

_____. "Dal mio Carteggio con Louis Lavelle". *Giornale di Metafisica*, n. 4, 1952.

_____. *La Filosofía, Hoy*. Barcelona: Luís Miracle, 1947.

_____. "Recensão de *De l'Être*". *Giornale di Metafisica*, n. 4, 1952.

_____. "Recensão de *Du Temps et de l'Éternité*". *Giornale di Metafisica*, n. 4, 1952.

_____. "Recensão de *Introduction à l'Ontologie*". *Giornale di Metafisica*, n. 4, 1952.

_____. "Recensão de *Les Puissances du Moi*". *Giornale di Metafisica*, n. 4, 1952.

_____. "Recensão de *La Parole et l'Écriture*". *Giornale di Metafisica*, n. 4, 1952.

Sellars, Roy Wood. "Le Spiritualisme de Louis Lavelle et René Le Senne". *Les Études Philosophiques*, n. 1-2, 1952.

Sertillanges, A.-D. *Le Problème du Mal*, I (L'Histoire). Aubier, 1948.

Silveira, Tasso da. "A Palavra e a Escrita" (única notícia sobre a morte de Lavelle publicada no Brasil). *Singra*, n. 96, 1954.

Steenberghen, Fernand van. *Ontologie*. 2. ed. Louvain: Publications Universitaires de Louvain, 1952.

Stefanini, Luigi. *Esistenzialismo Ateo ed Esistenzialismo Teistico*. Pádua: Cedam, 1952.

_____. "In Morte di Louis Lavelle". *Humanitas*, n. 10, 1951.

Tonquédec, Joseph de. *Sur la Philosophie Bergsonienne*. Beauchesne, 1936.

Troisfontaines, Roger. *Existentialisme et Pensée Chrétienne*. Louvain-Paris, 1948.

Truc, Gonzague. *De J. P. Sartre à Louis Lavelle*. Tissot, 1946.

Trudel, Roméo, O. M. F. "La Connaissance et l'Être". *Revue de l'Université d'Ottawa*, vol. 15, 1945.

Wahl, Jean. *Traité de Métaphysique*. Payot, 1953.

_____. "La Situation Présente de la Philosophie Française". *L'Activité Philosophique Contemporaine en France et aux États-Unis*, II. Presses Universitaires de France, 1950.

Widmer, Gabriel. "La Philosophie Spirituelle de Louis Lavelle". *Revue de Théologie et de Philosophie*", n. III, 1953.

Índice onomástico

A

Abranches, Cassiano, 145
Ajoux, Georges, 144
Álvarez, Ángel González, 84, 85, 145
Aristóteles, 114
Autore, Michele, 86, 145

B

Balthasar, Nicolas J. J., 41, 42, 43, 48, 78, 120, 144, 145
Baruzi, Jean, 128, 145
Belmont, padre, 45
Berger, Gaston, 22, 47, 79, 87, 93, 145
Bergson, Henri, 22, 70, 95, 96, 142
Bettoni, Effrem, 45, 146
Bochenski, Joseph Maria, 146
Borne, Étienne, 44, 65, 113, 133, 146
Bréhier, Émile, 31
Bruckberger, Raymond Léopold, 146

C

Calvetti, Carla, 146
Caminero, Nemesio González, 129, 146
Ceriani, Grazioso, 39, 49, 78, 146
Chaix-Ruy, Jules, 48, 131, 146

Chevalier, Irinée, 22, 37, 44, 146
Cobti, Michel, 146
Collins, James, 34, 58, 71, 110, 115, 131, 146

D

Deledalle, Gérard, 79, 146
Delépaut, Hilarion, 147
Delfgaauw, Bernard M. I., 21, 22, 38, 40, 48, 63, 75, 76, 79, 114, 121, 143, 147
De Raemaeker, Louis, 78, 147
Descartes, 11, 23, 48, 54, 56, 70, 71, 108
De Waelhens, Alphonse, 71, 130, 147
Dumas, Jean-Louis, 22, 147
Duméry, Henry, 147
Duns Scot, John, 45, 153

E

École, Jean, 39, 65, 79, 105, 130, 147
Etcheverry, Auguste, 122, 148
Evain, François, 148

F

Fatone, Vicente, 148
Feibleman, James K., 79, 148

Ferrater Mora, José, 148
Fessard, Gaston, 133, 148
Finance, Joseph de, 131, 148
Forest, Aimé, 28, 108, 149
Foulquié, Paul, 79, 149

G

Geiger, Louis Bertrand, 114, 149
Gironella, J. Roig, 129, 149
Grasso, Pier Giovanni, 33, 37, 41, 49, 58, 63, 69, 78, 79, 80, 85, 86, 90, 114, 134, 144, 149

H

Hamelin, Octave, 29, 71
Hanslmeier, Josef, 47, 149
Hayen, André, 149
Heidegger, Martin, 110, 129
Heidsieck, François, 149
Hellin, José, 129, 149
Hering, Jean, 149
Husserl, Edmund, 130

J

Jacques, J., 150
Jaspers, Karl, 71
Jolivet, Régis, 55, 66, 70, 79, 150
Jurino, Michele, 47, 78, 103, 150

K

Kant, Immanuel, 49, 67, 84, 85, 95
Kierkegaard, Søren, 71, 79, 150
Kuiper, Vicenzo M., 129, 150

L

Lachelier, Jules, 51, 71
Lachièze-Rey, Pierre, 78
Lacroix, Jean, 110, 132, 150

Le Guillou, Marie-Joseph, 150
Leroux, 22
Le Senne, René, 11, 22, 47, 71, 78, 80, 128, 132, 143, 150, 154
Lossky, Vladimir, 111

M

Maia, J., 129, 150
Maine de Biran, François-Pierre-Gonthier, 70, 71, 131, 143
Malebranche, Nicolas, 11, 30, 133
Marc, Alexandre, 71, 79, 134, 151
Marc, André, 71, 79, 151
Marcel, Gabriel, 44, 63, 78, 128, 151
Martins, Diamantino, 47, 74, 79, 151
Mckeon, Richard, 151
Mehl, Roger, 79, 151
Messaut, Jourdain, 28, 151
Meyer, Hans, 131, 151
Miguel Ângelo, P., 45

N

Napoli, Giovanni di, 64, 66, 103, 151
Nietzsche, Friedrich, 93
Nobile, Ornella Maria, 33, 59, 78, 79, 151

O

Ogiermann, Helmut, 151
Ortegat, Paul, 78, 151

P

Paci, Enzo, 129
Padilha, Tarcísio M., 11, 12, 13, 15, 16, 17, 19, 151
Pascal, Blaise, 121, 131
Patka, Federico, 152
Pelloux, Luigi, 130, 132, 152
Platão, 11, 23, 37, 72, 110

Plotino, 37, 38
Polin, Raymond, 152
Protágoras, 23

R

Radine, Serge, 152
Reid, J. León, 71, 152
Renouvier, Charles, 44, 128
Reymond, Arnold, 103, 152
Rideau, Émile, 79, 152
Rigobello, Armando, 42, 152
Rimaud, Jean, 152
Roland-Gosselin, Marie-Dominique, 152
Rosmini, Antonio, 51, 153
Roure, Lucien, 51, 153
Roure, Marie-Louise, 51, 153
Ruyer, Raymond, 122, 153

S

Saint-Maurice, Béraud de, 45, 153
Sanabria, José Rubén, 131, 153
Santinello, Giovanni, 153
Santo Agostinho, 11, 12, 131
Santo Tomás de Aquino, 28, 39, 42, 44, 86, 114
Sartre, Jean-Paul, 69
Sassen, Ferdinand, 79
Sciacca, Michele Federico, 23, 24, 34, 39, 41, 43, 78, 79, 80, 83, 131, 134, 144, 149, 153
Sellars, Roy Wood, 78, 154
Sertillanges, Antonin-Dalmace, 119, 128, 154
Silveira, Tasso da, 154
Spinoza, Baruch, 39, 41, 134
Steenberghen, Fernand van, 79, 154
Stefanini, Luigi, 49, 59, 63, 79, 130, 134, 154

T

Tonquédec, Joseph de, 70, 154
Troisfontaines, Roger, 67, 154
Truc, Gonzague, 37, 130, 154
Trudel, Roméo, 129, 154

W

Wahl, Jean, 142, 154
Widmer, Gabriel, 80, 154
Wust, Peter, 30

DADOS INTERNACIONAIS DE CATALOGAÇÃO NA PUBLICAÇÃO (CIP)
(CÂMARA BRASILEIRA DO LIVRO, SP, BRASIL)

Padilha, Tarcísio
  A ontologia axiológica de Louis Lavelle / Tarcísio Padilha. –
São Paulo : É Realizações, 2012. – (Coleção Filosofia Atual)

  ISBN 978-85-8033-074-8

  1. Lavelle, Louis, 1883-1951 2. Ontologia
I. Título. II. Série.

12-01248   CDD-111

ÍNDICES PARA CATÁLOGO SISTEMÁTICO:
1. Ontologia axiológica : Filosofia   111

Este livro foi impresso pela Geográfica Editora para É Realizações, em março de 2012. Os tipos usados são Minion Condensed e Adobe Garamond Regular. O papel do miolo é pólen bold 90g, e o da capa, cordenons stardream amethyst 285g.